Ilse Drews
Bernhard Drews

STENO heute

Deutsche
Einheitskurzschrift

Verkehrsschrift

7. Auflage, 1. korrigierter Nachdruck 2016

Bestellnummer 6100S

■ Bildungsverlag EINS

BuchPlusWeb ist die neue Online-Ergänzung zum Lehrbuch.

Als Zusatzmaterial bieten wir Ihnen einige Texte aus dem Buch als Audiofiles, damit Sie Stenografie noch besser üben können.

service@bv-1.de
www.bildungsverlag1.de

Bildungsverlag EINS GmbH
Ettore-Bugatti-Straße 6-14, 51149 Köln

ISBN 978-3-8242-**6100**-0

© Copyright 2016: Bildungsverlag EINS GmbH, Köln
Das Werk und seine Teile sind urheberrechtlich geschützt. Jede Nutzung in anderen als den gesetzlich zugelassenen Fällen bedarf der vorherigen schriftlichen Einwilligung des Verlages.
Hinweis zu § 52a UrhG: Weder das Werk noch seine Teile dürfen ohne eine solche Einwilligung eingescannt und in ein Netzwerk eingestellt werden. Dies gilt auch für Intranets von Schulen und sonstigen Bildungseinrichtungen.

Von einem, dem es gelang, Gedanken zu überlisten

Es war einmal ein weiser Mann. Der hatte den Kopf voller genialer Gedanken, mit denen er die Welt verändern wollte. Zu seinem Kummer tauchten sie, launenhaft wie das Wetter im April, ganz plötzlich in seinem Gedächtnis auf und verschwanden ebenso schnell.

Versuchte er sie aufs Papier zu bannen, konnte er ihnen mit der Langschrift nicht folgen. So vergaß er sie, bevor er den ersten Satz zu Ende geschrieben hatte. Aus weiter Ferne hörte er noch ihr hämisches „Ätsch!", sah, wie sie ihm eine lange Nase machten und dann im Labyrinth der 15 Milliarden Gehirnzellen entkamen. Da war alles Suchen sinnlos. Als sie blitzartig noch einmal auftauchten, um ihn zu ärgern, versuchte er sie zu ködern: Veröffentlichen wolle er sie und dadurch unsterblich machen. Doch sie durchschauten seine List und nannten ihn einen Heuchler, der nur an seinen eigenen Ruhm denke.

Ihr Katz-und-Maus-Spiel demütigte ihn so sehr, dass er auf Rache sann und überlegte, wie er die Burschen überlisten könne. Da erreichte ihn die Kunde von einer Schnellschreibkunst, die sich Stenografie nennt. Mit ihr solle man so schnell schreiben können, wie man denkt. Sofort begann er sie zu studieren.

Nun entwischen sie ihm nicht mehr, seine genialen Gedanken. Sobald sie in seinem Gedächtnis auftauchen, fängt er sie ein, verwandelt sie in stenografische Zeichen und nagelt sie fest aufs Papier. Da zappeln sie dann und betteln um ihre Freiheit. Doch er kennt keine Gnade. „Ätsch!" ruft er schadenfroh, lässt sie kaltblütig weiterzappeln und freut sich, dass er sie überlistet hat.

Als Menschenfreund wollte er auch andere mit seiner Kunst beglücken. Darum gründete er eine Gesellschaft, in der die Gedankenüberlistung gelehrt wurde, und nannte sie „Gesellschaft zur Überlistung der Gedanken mittels Stenografie (GÜGSt). Aus ihr gingen im Laufe der Jahre Schulen, Volkshochschulen, Stenografenvereine und alle Institutionen hervor, die Stenografie unterrichten.

In den Notizblöcken des weisen Mannes zappelten bald viele Millionen überlisteter Gedanken. Er schrieb sie nieder in seinen Büchern und wurde weltberühmt. Und wenn er nicht gestorben ist, dann überlistet er seine Gedanken noch heute.

Inhaltsverzeichnis

	Was Sie über Kurzschrift wissen sollten	5
1.1	*t, r, m, n, b, g; e, o*	6
1.2	Kürzel *den, dem, die, ich, in, sind*	7
2.1	*w, p, d, f, k*; Mitlautfolgen	8
2.2	Kürzel *es, ist, er, der, das(ss), für, wo*	9
3.1	Selbstlaute *a, ö; ä = e*	10
3.2	Kürzel *und, hatt …, kann(st), gegen, da-, so*	11
4.1	*pf, cht, ng, l, ll*	12
4.2	Kürzel *all, ver-, vor, wenn, werd …, wi(e)d(e)r, ohn(e)*	13
5.1	*h, ch, j, v; l*-Verbindungen	14
5.2	Kürzel *her, hab … (hast, hat), noch, doch, sich, auf, von*	15
6.1	Aufstrich-*t* und Anschlüsse; Silbenzeichen *eit (ait)*	16
6.2	Kürzel *nicht, ent-, ant-, hin, hint …, -haft, -keit*	17
7.1	Selbstlaute *i (ie), ei (ai)*; Silbenzeichen *ein (ain)*	18
7.2	Kürzel *eine, meine, deine, keine, mit(t), bis*	19
8.1	*tr, br, gr, kr*; Doppel-*r*	20
8.2	Kürzel *er-, er-r, ge-, un-*	21
9.1	*dr, fr, pr, pfr, wr*; Silbenzeichen *u(h)r*	22
9.2	Kürzel *durch, fort, wir, wird (wirst), nur, will(st), woll*	23
10.1	Selbstlaute *u, eu*; zwei aufeinanderfolgende Selbstlaute	24
10.2	Kürzel *-lich, -ung, l-ung, r-ung*; Verbindungsbogen	25
11.1	*s, rs*, Doppel-*s* (*ß*)	26
11.2	Kürzel *als, also, des, dessen, sie, selbst, solch, seine*	27
12.1	*z (tz), sch, st; l*-Verbindungen	28
12.2	Kürzel *zu, zum, zur*	29
13.1	*nd, ndr, rd, mp, mpf*; Rückkehr zur Grundlinie	30
13.2	Kürzel *uns, unser, unter, konnt …, könn …, nied(e)r*	31
14.1	Selbstlaute *ü, ä*; Worttrennung	32
14.2	Kürzel *wurd(e), würd(e), rück-, zurück, üb(e)r, hätt*	33
15.1	*sp, spr, str, schr*; Selbstlaute am Ende eines Wortteils	34
15.2	Kürzel *vom, vielleicht, ander, Doktor (Dr.), dar, sei, seid*	35
16.1	Das Häkchen; Wegfall des Häkchens	36
16.2	Kürzel *usw., d. h., voll, völl …, worden, kon-*	37
17.1	Selbstlaute *au, äu*; Stellungswechsel von Kürzeln	38
17.2	Kürzel *-heit, -tum(-tüm), -schaft*; Wegfall des *t*	39
18.1	Linkswendiges *s*	40
18.2	Kürzel mit linkswendigem *s: aus, dies, nichts, sonder(s, n), soll(st), miss-*	41
19.1	*zw, schw, schm, schn*; Endungen *-t, -s* und *-st*	42
19.2	Kürzel *zwischen, schon, deutsch, zer-, besonder(s), zusammen*	43
20.1	*c, cr, qu, x*; doppelter Mitlaut	44
20.2	Fremdwörter und Eigennamen	45
21.1	*y*; Silbenzeichen *ey* und *ion*; Ausschreiben von Kürzeln	46
21.2	Abkürzungen; sprachliche Gliederung	47
	Weitere Übungen	48
	Wichtige Kommaregeln	55
	Lösungen	56
	Kürzelverzeichnis	57
	Weitere Unterscheidungszeichen	58

Was Sie über Kurzschrift wissen sollten

bevor ein text gedrukt oder geschriben wird, muss er entworfen werden. dazu genügt meist ein leres blat papir, auf dem man seine gedanken mer oder weniger zügig niderschreiben kan: entweder langsam in langschrift, rascher mit dem computer oder im eiltempo mit der zeitsparenden kurzschrift.

Bei diesen Sätzen handelt es sich nicht um Schreibversuche eines Schulanfängers; sie verdeutlichen vielmehr die vereinfachte Rechtschreibung der Kurzschrift. Im Gegensatz zur Langschrift kennt sie

— keine Großschreibung (text),

— keine Mitlautverdoppelung (blat/),

— keine Silbendehnung durch Selbstlaute und h (le/er, geschri/eben, me/hr).

Ihre wesentliche Kürze gewinnt sie jedoch durch besonders kurze Zeichen, von denen einige Teile langschriftlicher Buchstaben sind. Einige stimmen mit dem gleichen Langschriftbuchstaben überein, z. B. das ℓ = ι und das m = $\imath$.

Weitere Kürze wird erzielt durch die besondere Wiedergabe der Selbstlaute. Sie werden nicht geschrieben, sondern am folgenden Mitlaut angedeutet. Man nennt das sinnbildliche Selbstlautandeutung.

Für häufig vorkommende Wörter und für Vor- und Nachsilben gibt es feststehende Zeichen. Sie heißen Kürzel und fördern ebenso die Schnelligkeit wie besondere Zeichen für häufige Mitlautfolgen, z. B. cht, schr.

In der Kurzschrift gibt es kleine, mittlere und große Zeichen. Zum Einprägen ihrer Größe braucht man beim Lernen einen aus vier Linien bestehenden Schreibraum. Die stärkere Linie heißt Grundlinie, sie ist die Schreiblinie. Der Abstand zwischen zwei Linien heißt Stufe.

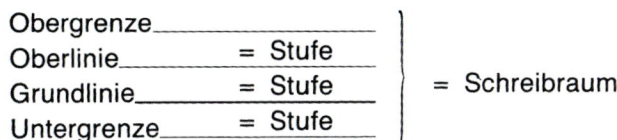

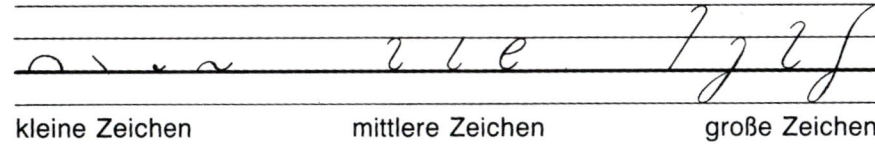

kleine Zeichen   mittlere Zeichen   große Zeichen

Wenn Sie nicht alles behalten haben — kein Grund zur Aufregung. Das Lehrbuch zeigt Ihnen alles noch einmal, nach und nach, in kleinen Schritten.

Wir wünschen viel Erfolg.

Ilse und Bernhard Drews

1.1   t, r, m, n, b, g; e, o

Regel: Selbstlaute werden sinnbildlich angedeutet: *e* = enge Verbindung, *o* = weite Verbindung zwischen zwei Mitlautzeichen.

Regel: Selbstlaute am Wortanfang beginnen mit einem Anstrich auf der Grundlinie.

Regel: Selbstlaute am Wortende werden buchstäblich geschrieben: *e* = halbstufiger schräger Aufstrich, *o* = langer Flachstrich.

Übung für *e* und *o* im Wortinnern

Übung für *e* und *o* am Wortanfang und -ende

Einzahl — Mehrzahl (Singular — Plural)

Aufgabe: Jedes Wort in der Einzahl und Mehrzahl schreiben.

Test

Regen, Roggen, Motten, begehren, benommen, Goten, Bonn, Rom, Mohn, Tenor, Nonnen; ob, Omen, Ebene, Rohre, Egon, Oregon[2], rettete, Otto.

[1] Hauptfigur in Michael Endes gleichnamigem Kinderbuch.   [2] Staat in den USA.

1.2 Kürzel

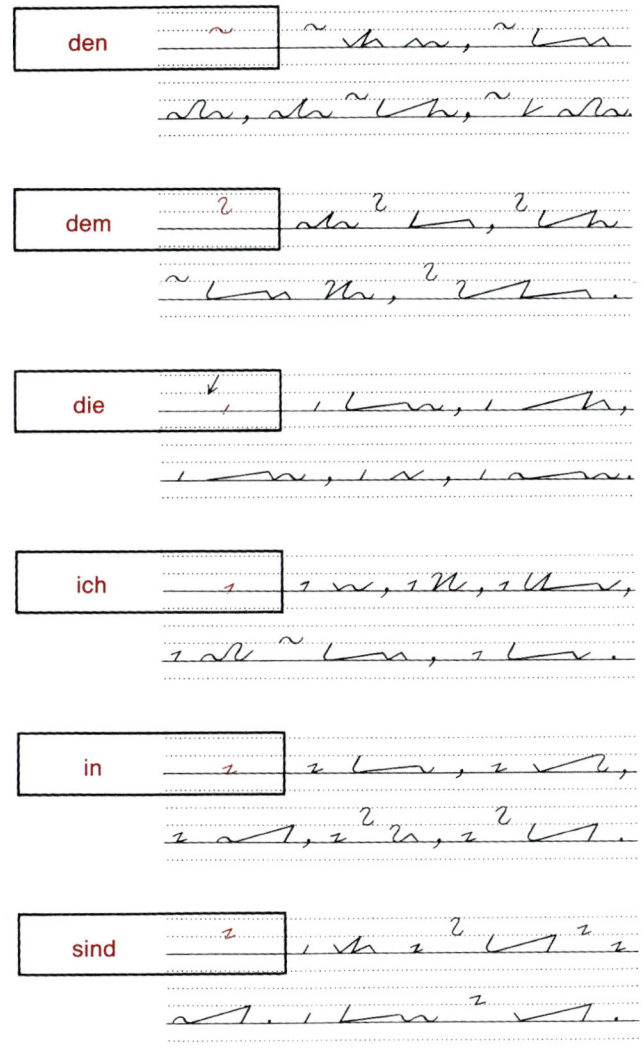

Übungen

Was passt wohin?

Aufgabe: Text abschreiben und in jede Lücke ein passendes Kürzel aus diesem Lehrstück setzen.

Test

Tom den Bohrer geben, Momo in Not, die Otter in dem Moor, die oberen Betten, ich betone, die Gene, die Memme. Die Robben sind in dem Meer.

2.1 w, p, d, f, k; Mitlautfolgen

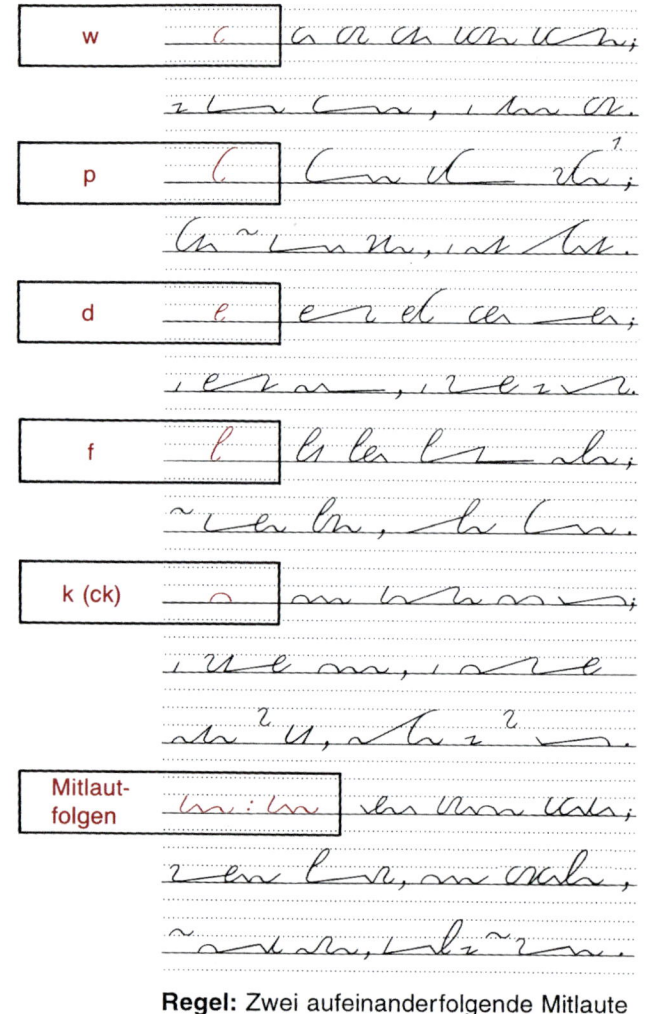

Regel: Zwei aufeinanderfolgende Mitlaute werden eng zusammengeschrieben.

¹ Stadt im Emsland.

Übungssätze

Wer weiß es?

Wenn Sie die in Kurzschrift geschriebenen Wörter in der rechts daneben angegebenen Reihenfolge abschreiben, ergeben die letzten Buchstaben ein Wort für risikoreiches Verhalten (Glücksspiel).

1. Übervorteilen von Gästen, z. B. in Lokalen, 2. Kunststil des 18. Jahrhunderts, 3. Stilrichtung der Popmusik, 4. Priester der Ostkirche, 5. Verzierung, 6. Hülle der Insektenpuppe

Test

Ich kenne den Redner. In den Beeren sind Kerne. Ich wohne in Bonn. Die Wege in dem Moor sind eben. Ich gebe Peter den Koffer. Ich fege den Erker. Die offenen Poren, die Motten in den Decken, den Ton kneten, die Rohre in den Ecken.

2.2 Kürzel

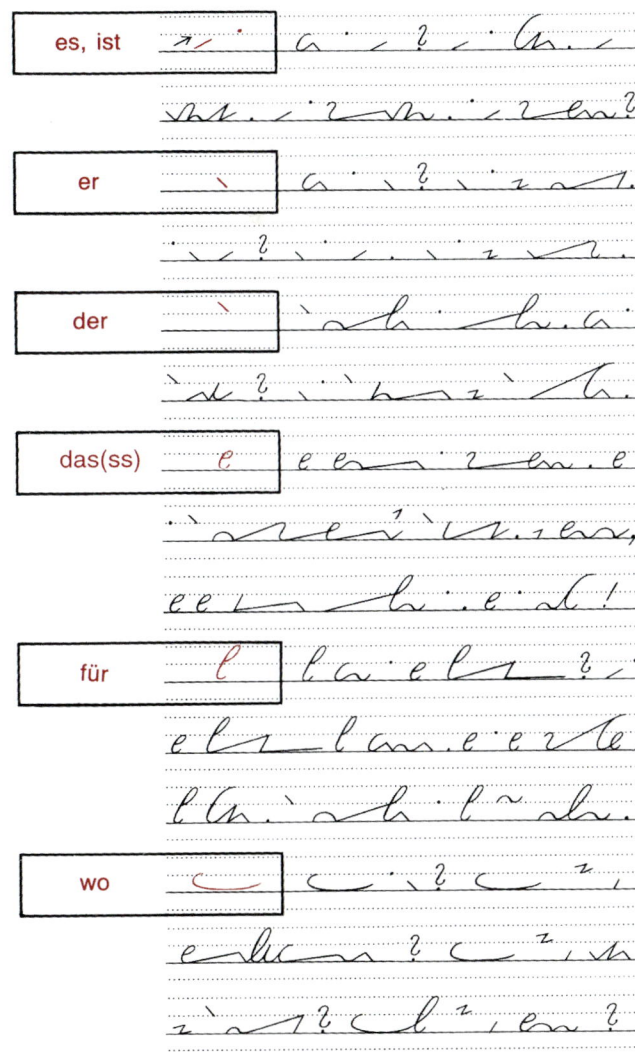

Fragen — Antworten

Aufgabe: Fragesätze abschreiben und mit den in Klammern stehenden Wörtern in vollständigen Sätzen schriftlich beantworten.

Die Wortzusammensetzung

Zwei zusammengeschriebene Wörter ergeben eine Wortzusammensetzung. Das erste Wort ist das Bestimmungswort, das zweite das Grundwort. Beispiel *Regenwetter*: *Regen* = Bestimmungswort, *Wetter* = Grundwort.

Aufgabe: Suchen Sie zu jedem Bestimmungswort das passende Grundwort, schreiben Sie die so gebildeten Wortzusammensetzungen.

Bestimmungswort	Grundwort

Test

Wo sind die Noten für den Tenor? In der Tonne ist Teer. Wo ist der Bohrer? Ist er der Bewerber? Es ist Bodo. Für wen ist der Tee? Das ist der Weg in die Berge. Der Donner in der Ferne, das Toben der Wogen, das Boot neben dem Dock.

---
[1] Ehrentitel älterer Kapitäne, auch Geschwaderführer.

3.1 Selbstlaute a, ö; ä = e

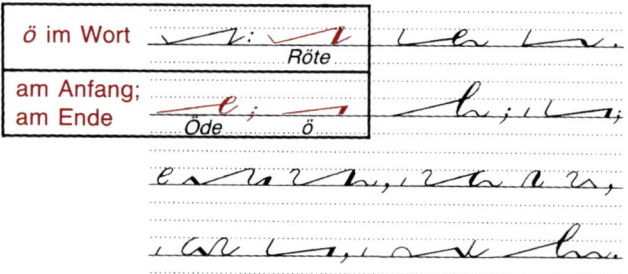

Regel: *a* = enge Verbindung und Verstärkung des folgenden Zeichens.

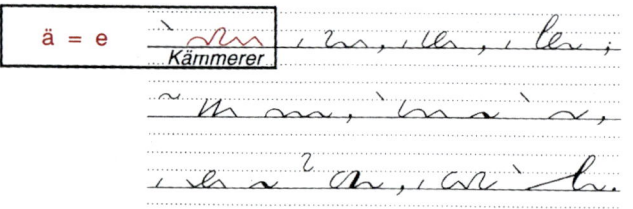

Regel: *ö* = weite Verbindung und Verstärkung des folgenden Zeichens.

Regel: *ä* darf durch *e* ersetzt werden.

Fragen — Antworten

Aufgabe: Fragesätze abschreiben und mit den in Klammern stehenden Wörtern in vollständigen Sätzen schriftlich beantworten.

Wer weiß es?

Aufgabe lösen, wie auf Seite 8 beschrieben. Die Anfangsbuchstaben der Wörter nennen eine Frucht.

1. Gewicht der Verpackung einer Ware, 2. Hauptstadt von Kanada, 3. Wallfahrtsort des Islam, 4. Papageienart, 5. altrömisches Gewand, 6. altnordische Sagensammlung

Test

Wo fahren die Bahnen ab? Die Damen mögen gern Kaffee. Nora nahm das Paket dankbar an. Er ist Farmer in Kanada. In der Öde der Moore sind Ottern. Die Bö war warm. Die Oma nahm warme Wannenbäder. In den Körben sind Tomaten.

---
[1] dänische Insel.

3.2 Kürzel

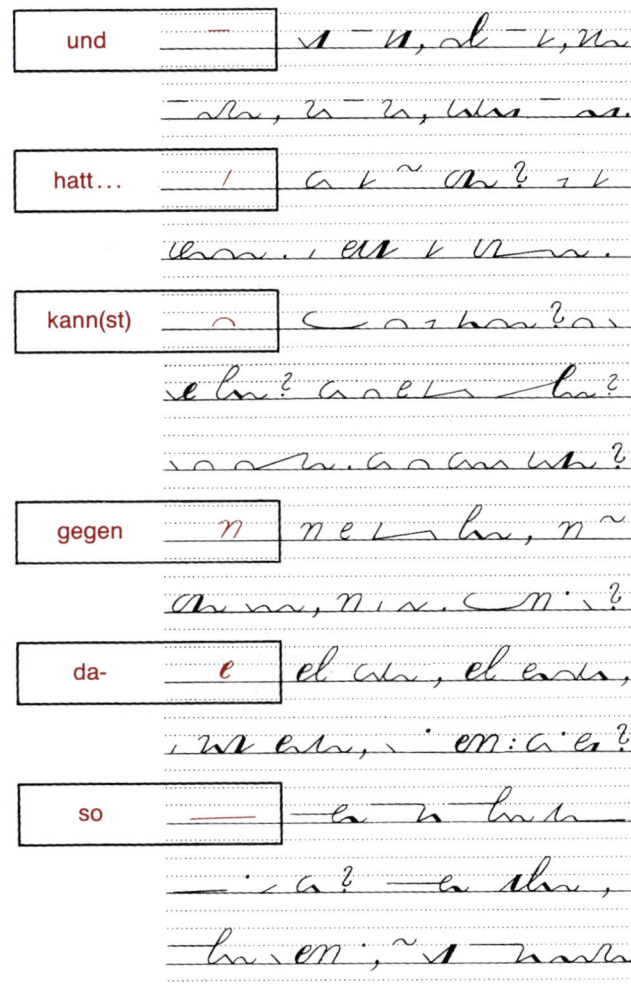

Regel: *so* rückt in der Verbindung an den Beginn des folgenden Zeichens.

Fragen — Antworten

Aufgabe: Fragesätze abschreiben und mit den in Klammern stehenden Wörtern in vollständigen Sätzen schriftlich beantworten.

Der Wortstamm

Jedes Wort enthält einen Wortkern: den Wortstamm. Er ist immer einsilbig.
Aufgabe: Alle Wörter abschreiben und den Wortstamm daneben setzen.

Test

Der Tag hatte begonnen. Die Berge waren so fern. Gegen Morgen regnete es mehr und mehr. — Karotten und Bohnen, Wagen und Fahrräder, Meere und Moore, dagegen anrennen, sofern er kommen kann, sodann abfahren.

4.1 pf, cht, ng, *l*, *ll*

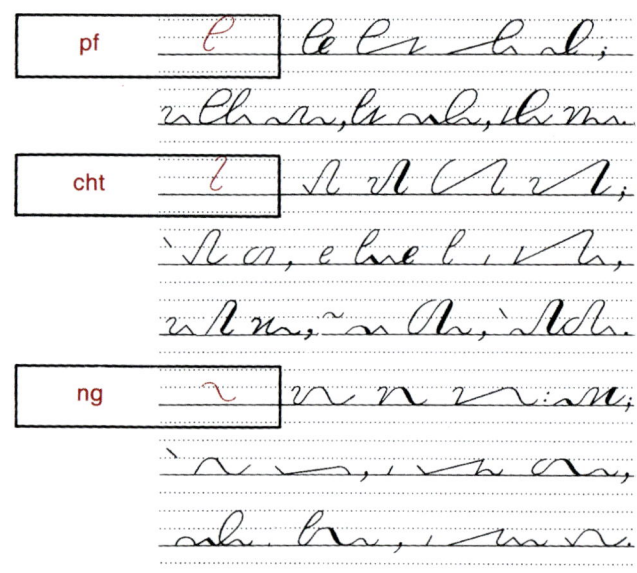

Regel: Zeichen für Mitlautfolgen dürfen nur im Stamm verwendet werden (begangen : An/gabe).

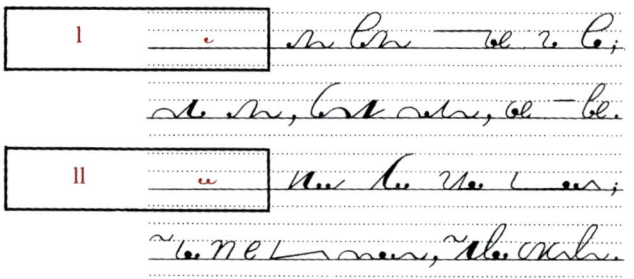

Regel: *l* hat am Wortende keinen Ausstrich. Es wird verdoppelt; verstärkt wird das erste *l*.

Fragen — Antworten

Aufgabe: Fragesätze abschreiben und mit den in Klammern stehenden Wörtern in vollständigen Sätzen schriftlich beantworten.

Wer weiß es?

Aufgabe lösen, wie auf Seite 8 beschrieben. Die letzten Buchstaben ergeben die Bezeichnung für einen Mitarbeiter.

1. Undichte Stelle, z. B. bei Schiffen, 2. Stadt auf Sizilien, 3. ringförmige Koralleninsel, 4. Vorrecht, alleiniger Anspruch, 5. dramatisches Gedicht, 6. Selbstgespräch, 7. Kleinigkeit

Test

Karola mag gern enge Röcke. In dem Laden gab es flotte Modelle. An dem Parka fehlen Knöpfe. Wolfgang mag gern Äpfel. Die Tochter kocht leckere Knödel. Es fehlen Löffel und Gabeln. Sind die Korallen echt? Die Männer bargen die Opfer. Die Kollegen lernen Karate. Wo ist der Napf für Bello?

4.2 Kürzel

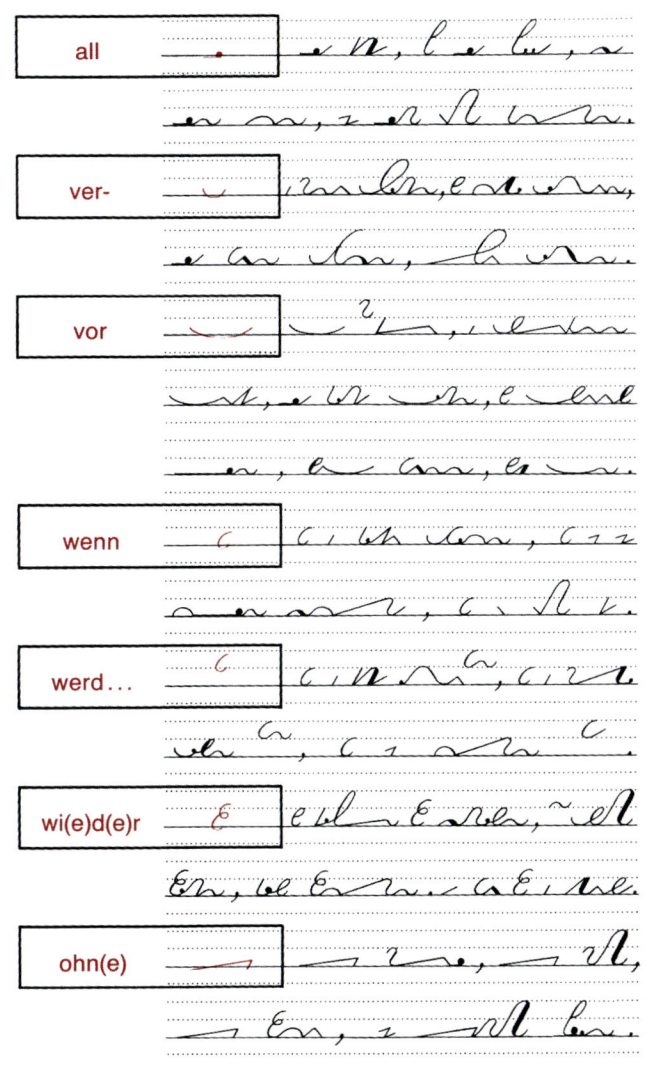

Sätze in Fragesätze umwandeln

Aufgabe: Jeden Satz als Aussagesatz und als Fragesatz schreiben.

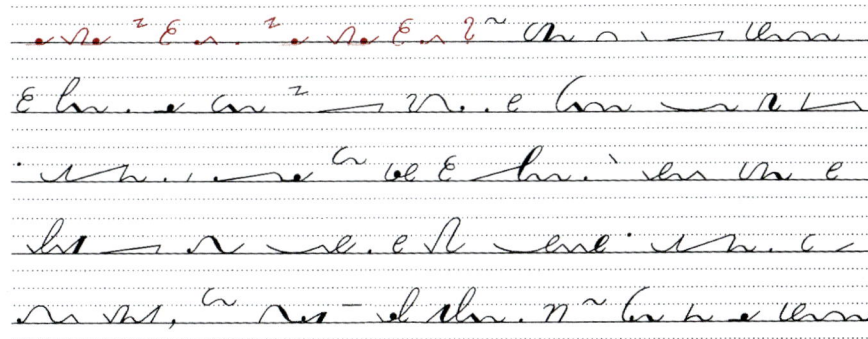

Die Worterweiterung

Eine Worterweiterung entsteht, wenn eine Vorsilbe (unselbstständige Silbe, z. B. *ver-*) oder ein Vorwort (Vorsilbe, die als selbstständiges Wort vorkommt, z. B. *vor*) mit einem Wortstamm mit oder ohne Schlusssilbe(n) verbunden wird.
Aufgabe: Bilden Sie Worterweiterungen mit *ver-* und *vor-*.

Test

Wenn ich darf, werde ich morgen wiederkommen. Kann man da vorn an der Ecke parken? Er hatte die Wette verloren. Die Banknoten werden bald verfallen. Den Rat kann er ohne Bedenken annehmen. Alle verfolgen die Debatte. Wo werden die Täter vernommen? Ich werde das Wenn und das Aber bedenken. Längere Röcke werden bald wieder modern.

5.1 h, ch, j, v; *l*-Verbindungen

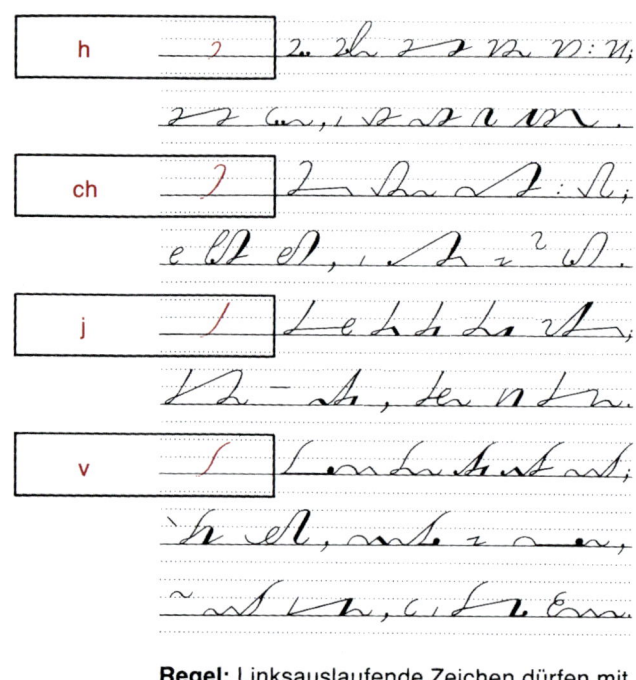

Regel: Linksauslaufende Zeichen dürfen mit einer kleinen Schleife geschrieben werden, wenn ein Aufstrich folgt. — Vor der Beugungsendung *t* wird das Stamm-*h* weggelassen *(ge**h**t)*.

Regel: *l* wird bei gerade- und linksauslaufenden Zeichen vorgelegt.

Fragen — Antworten

Aufgabe: Fragesätze abschreiben und mit den in Klammern stehenden Wörtern in vollständigen Sätzen schriftlich beantworten.

Wer weiß es?

Aufgabe lösen, wie auf Seite 8 beschrieben. Die letzten Buchstaben der Wörter (in Langschrift geschrieben) ergeben ein anderes Wort für weglaufen.

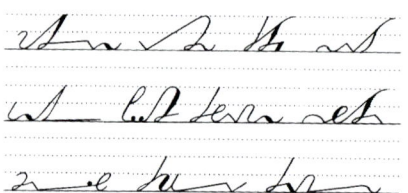

1. Ausrufer im Mittelalter, 2. Sundainsel, 3. Faser im menschlichen Körper, 4. Musikinstrument, 5. Schauspiel von v. Hoffmannsthal, 6. toter Tierkörper, 7. orientalischer Bauer, 8. Gewürzpflanze, 9. Sprech- und Ausdrucksweise bestimmter Kreise, 10. Pfadfindertreffen, 11. Seefisch

Test

In welchem Regal sind die Fachblätter? Tanja und Volkmar sind Kegler. Mehrere Wächter werden die Halle bewachen. Den hellen Klang der Glocken in dem Tal kann man hoch oben in den Bergen hören. Verena und Vera wiederholen Vokabeln.

5.2 Kürzel

her	
hab…, hast, hat	
noch	
doch	
sich	
auf	
von	

[1] Stadt in Friesland.

Fragen — Antworten

Aufgabe: Fragesätze abschreiben und mit den in Klammern stehenden Wörtern in vollständigen Sätzen schriftlich beantworten.

Was passt wohin?

Aufgabe: Text abschreiben und in jede Lücke ein passendes Kürzel aus diesem Lehrstück setzen.

Test

Das Modenblatt hat hohe Auflagen. Der Vorhang hat doch noch Löcher. Es ist lange her. Der Vogel flog davon. Die Rehe kamen auf die Felder. Fang doch den Lehrgang noch mal von vorn an. Der Redner hat den Faden verloren. Komm doch noch herauf! Björn und Jan paddeln auf der Elbe. Hat der Wagen noch Mängel?

6.1 Aufstrich-*t* und Anschlüsse; Silbenzeichen eit (ait)

Auf-strich-*t* — *packt*

Regel: Nach Mitlauten wird Aufstrich-*t* geschrieben.

Mitlaut-anschluss — *Partner*

Regel: Mitlaute werden unmittelbar an Aufstrich-*t* angeschlossen; an ihrem Fußpunkt entsteht die Anschlusszeile (punktierte Linie). Vor zweistufigen Zeichen wird Aufstrich-*t* dreistufig.

e vor Mitlauten — *Garten*

i in -ig — *fertig*

Regel: Nach Aufstrich-*t* werden *e* vor Mitlauten und *i* in *-ig* weggelassen.

eit (ait) — *bereit*

Regel: Silbenzeichen stehen für Silben und Silbenteile, sie sind immer anzuwenden.

Gegenwart (Präsens) — Vergangenheit (Präteritum)

Aufgabe: Jeden Satz in der Gegenwarts- und Vergangenheitsform schreiben.

Wer weiß es?

Aufgabe lösen, wie auf Seite 8 beschrieben. Die Anfangsbuchstaben der Wörter nennen eine Gestalt aus Mozarts „Zauberflöte".

1. dauernd, ständig, 2. Gemütsbewegung, stärkere Erregung, 3. kleinlicher Mensch, 4. geschmackvoll, reizvoll, 5. Bürge, 6. Wirkung, Ergebnis, 7. Männername, 8. Gegenstand

Test

Das Parlament tagt morgen. Der Torwart rennt dem Ball nach. Das Wetteramt meldet, dass die Kaltwetterlage noch länger anhält. Wer bereitet die Fahrt vor? Der Reporter begab sich an den Tatort. Dort am Abhang ist der Boden recht kalkhaltig. Die Lehrer bewerteten die Arbeiten. Wer leitet den Lehrgang? Jeden Montag ist Markttag. Der Anwalt blättert noch in den Akten.

6.2 Kürzel

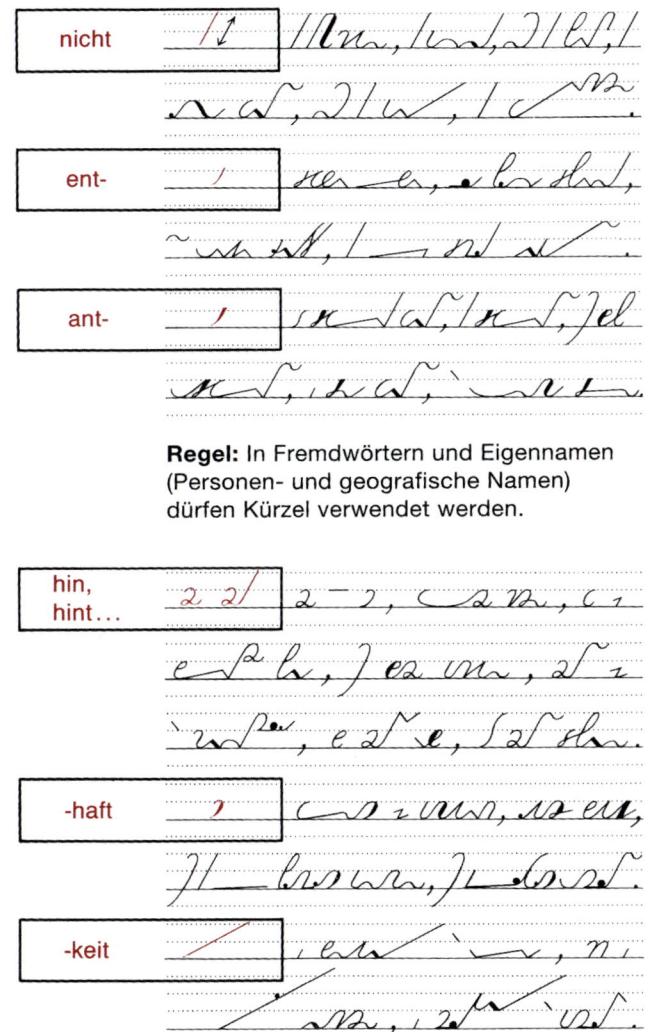

Regel: In Fremdwörtern und Eigennamen (Personen- und geografische Namen) dürfen Kürzel verwendet werden.

Fragen — verneinende Antworten

Aufgabe: Fragesätze abschreiben und schriftlich in vollständigen Sätzen verneinend beantworten.

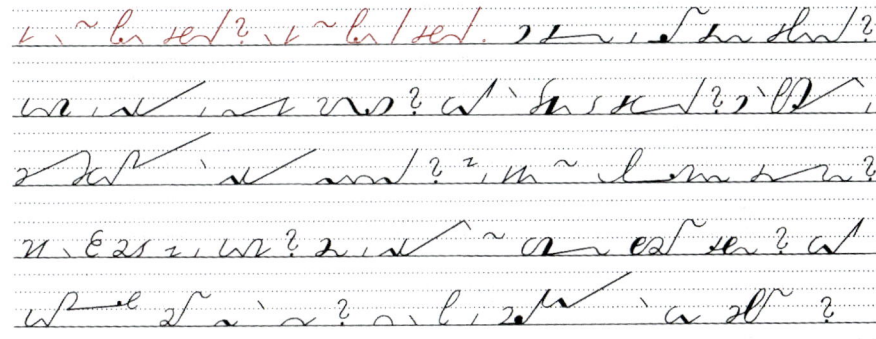

Die Worterweiterung (Stamm und Nachsilbe)

Auch Nachsilben ergeben zusammen mit Wortstämmen Worterweiterungen.

Aufgabe: Worterweiterungen mit den Nachsilben -keit und -haft bilden und schreiben.

Test

Ich werde dem Anwalt morgen antworten. Welche Fertigkeiten werden verlangt? Die verdorbenen Vorräte rochen ekelhaft. Ich habe mehrere Mängel an der Ware entdeckt. Das hintere Rad war total verbogen. Jörg und Anton waren auf der Fahrt nach Antwerpen. Die Abnehmer lobten die lange Haltbarkeit der Töpfe. Dort kann man nicht entlanggehen.

7.1 Selbstlaute i, ei (ai); Silbenzeichen ein (ain)

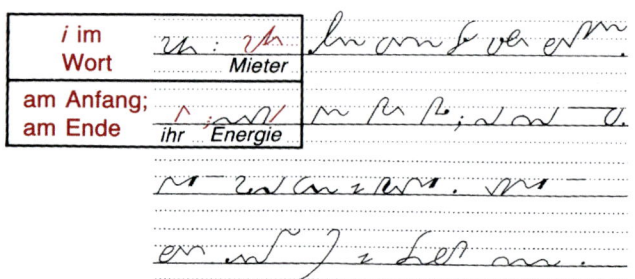

Regel: *i* = enge Verbindung und Hochstellung des folgenden Zeichens um ½ Stufe. / rückt in der Hochstellung an eine Linie.

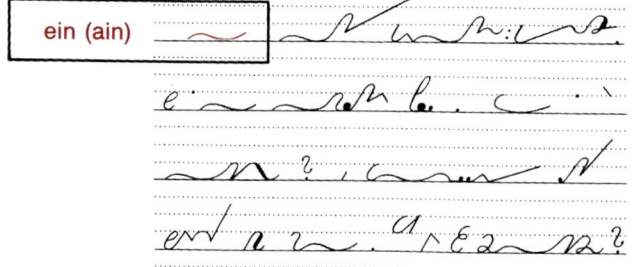

Regel: *ei* = weite Verbindung und Hochstellung des folgenden Zeichens um ½ Stufe.

Fragen — Antworten

Aufgabe: Fragesätze abschreiben und mit den in Klammern stehenden Wörtern in vollständigen Sätzen schriftlich beantworten.

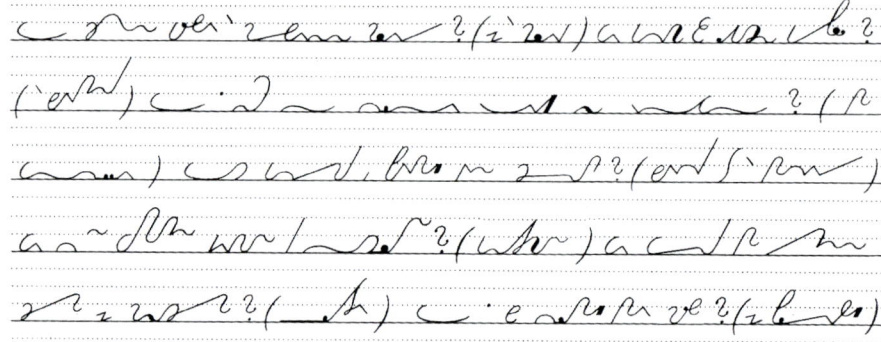

Wer weiß es?

Aufgabe lösen, wie auf Seite 8 beschrieben. Die letzten Buchstaben der Wörter nennen eine vorderasiatische Hauptstadt.

1. Nichtwisser, 2. Kultbild der Ostkirche, 3. Abgott, 4. japanische Kunst des Blumensteckens, 5. verneinend, ergebnislos, 6. japanischer ritueller Selbstmord, 7. Beweggrund, Antrieb

Test

Reich bitte die Papiere bei der Firma Eichler ein. Das lila Kleid ist recht vorteilhaft für dich. Bei ihrer Fahrt auf dem Rhein kamen Ilona und Reinhold an der Lorelei vorbei. Mirko möchte Pilot oder Feinmechaniker werden. Die Batterie war wieder einmal leer. Die Täter hatten kein Alibi. Es kamen allerlei Regelwidrigkeiten vor.

7.2 Kürzel

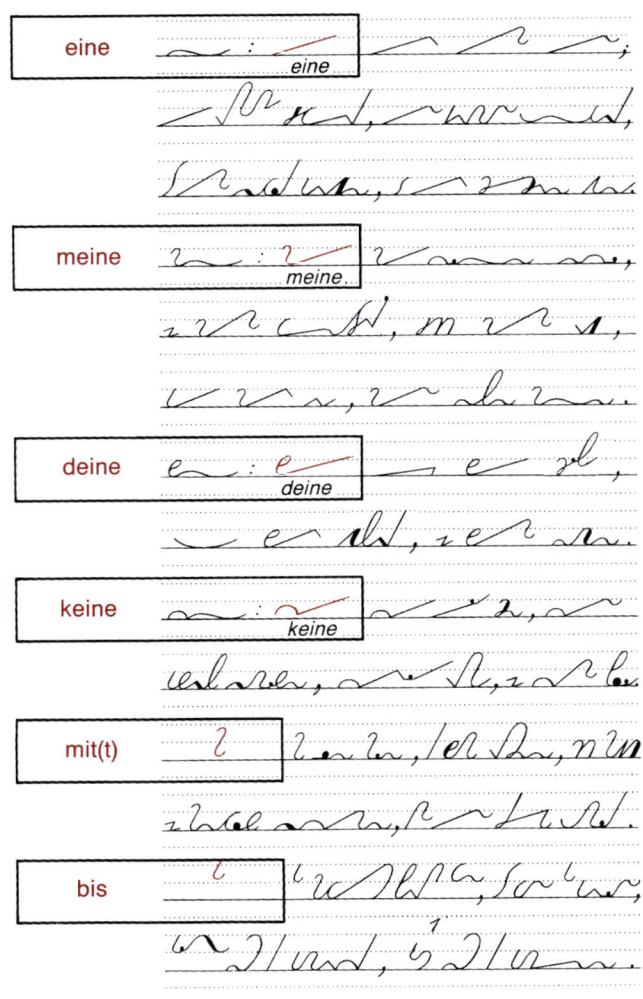

¹ **Regel** für *bisher* siehe Seite 38 unten.

Angela schreibt ihrer Freundin Tina in Steno

Aufgabe: a) Brief abschreiben; **b)** folgende Fragen in vollständigen Sätzen schriftlich beantworten: Bei wem und wofür bedankt sich Angela? Wo ist Angela? Wie ist das Klima dort? Wo war Angela am Mittwoch? Bis wann bleibt Angela noch bei ihren Eltern?

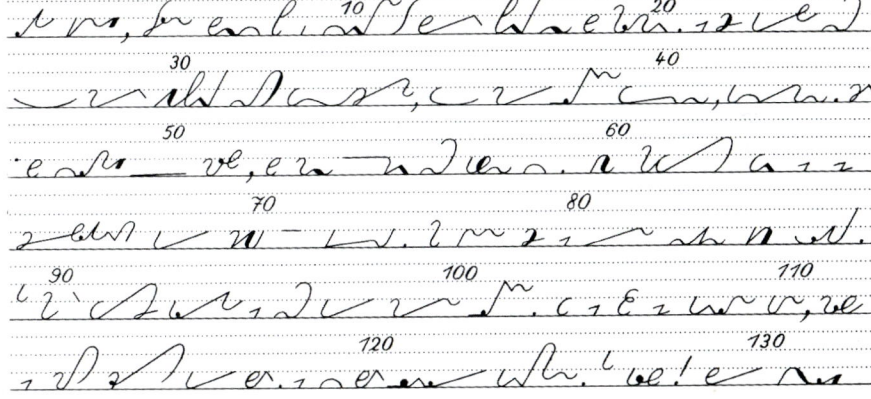

Zehn Punkte zu erreichen

Jedes richtig übertragene Wort ergibt einen Punkt. Lösung und Bewertung Seite 56.

Mahagoni, imitieren, minimal, Mongolei, Tierklinik, Rimini, Makkaroni, Mineralöl, Himalaja, hinterherrennen.

Test: Tina antwortet ihrer Freundin Angela in Steno

Liebe Angela, recht vielen Dank für / deine Nachricht. So ein Pech, dass ich ab 20
Mitte der Woche nicht in Berlin bin. / Ich nehme bis Mittwoch, dem 21. 40
9., an einem Lehrgang mei/ner Firma teil. Das ist keine leichte 60
Aufgabe für mich, aber es ist wich/tig für mein Weiterkommen. Wenn ich wie- 80
der in Berlin bin, werde ich bei dir / vorbeikommen. Bis dann! Deine Tina 101

8.1 tr, br, gr, kr; Doppel-r

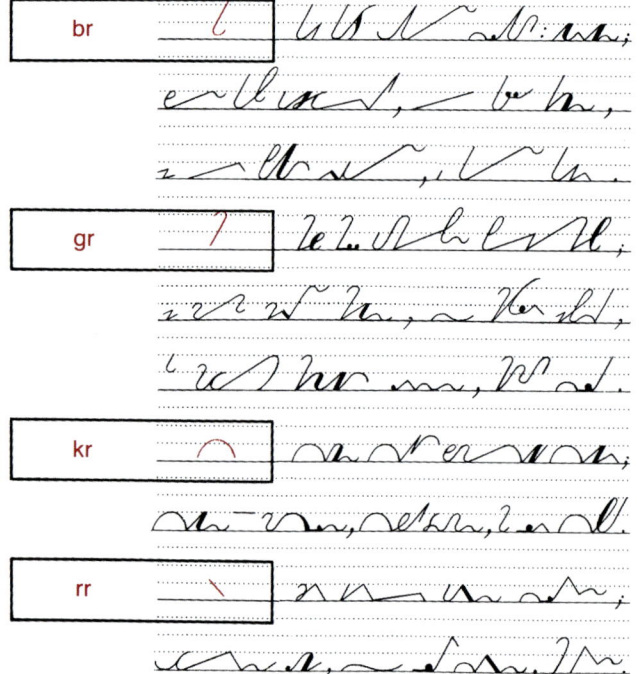

Regel: *tr* wird in deutschen Wörtern nur am Stammanfang und nach Selbstlauten geschrieben.

Mord in Heidelberg

Aufgabe: a) Text abschreiben; **b)** folgende Fragen mit Antworten in vollständigen Sätzen stenografieren: Wann war ein grimmig kalter Wintertag? Wo fährt Britta Kröger mit dem Fahrrad? Wer entdeckt am Mittwoch ihre Leiche? Wer hat kein Alibi? Wer ermittelt? Worin ist sich die Kritik einig?

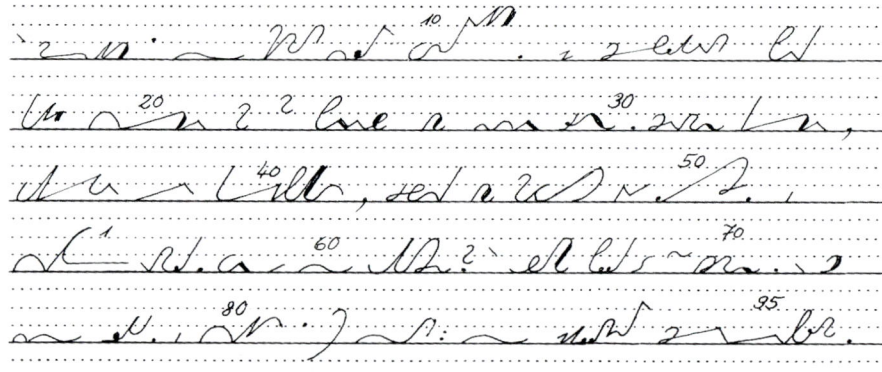

Wer weiß es?

Aufgabe lösen, wie auf Seite 8 beschrieben. Die letzten Buchstaben der Wörter nennen einen Beruf.

1. schottische Inselgruppe, 2. spanischer Strom, 3. Stromerzeuger, 4. Brillenschlange, 5. Durcheinander

Test

Der Akrobat tritt morgen in Bremen auf. Wie weit ist es bis Trier? Der Verein hat die Beiträge kräftig erhöht. Dietrich ist an Grippe erkrankt. Die Briten verharrten lange vor dem Bild der Mona Lisa. Brigitte hat ihre Brille verloren. Die Herren trafen im Hotel Bremer Hof ein. Bei der alten Karre knarren die Räder.

[1] Kripo: Regel s. Seite 47.

8.2 Kürzel

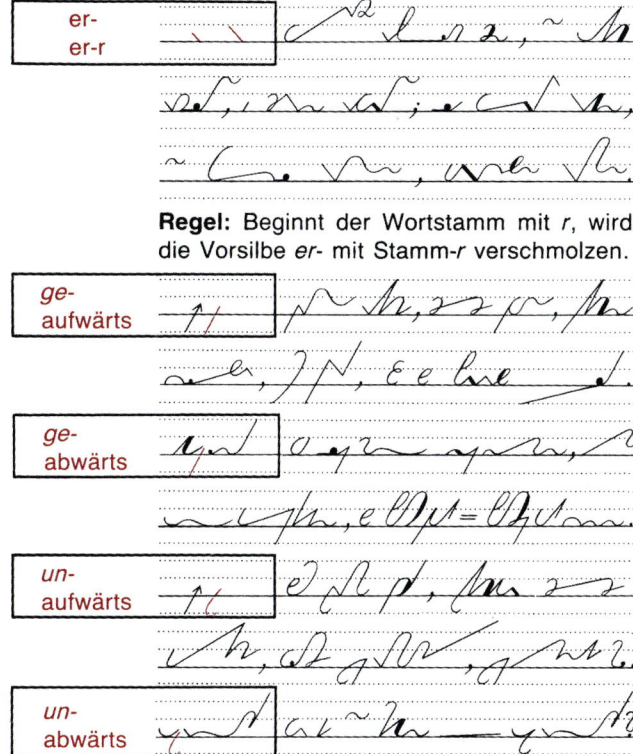

Regel: Beginnt der Wortstamm mit *r*, wird die Vorsilbe *er-* mit Stamm-*r* verschmolzen.

Regel: Am Wortanfang werden *ge-* und *un-* bis zum Beginn des folgenden Zeichens aufwärts geschrieben und nötigenfalls schräggelegt. — Nach Vorsilben und Vorwörtern werden sie bis zur Untergrenze abwärts geschrieben und vom Stamm getrennt; dabei dürfen sie nicht größer als zwei Stufen werden. — In der Wortzusammensetzung darf *ge-* beim Grund- oder Bestimmungswort stehen.

Vorsicht beim Bergsteigen
Aufgabe: a) Text abschreiben; **b)** Kommas setzen (Kommaregeln Seite 55, Lösung Seite 56); **c)** Text übertragen.

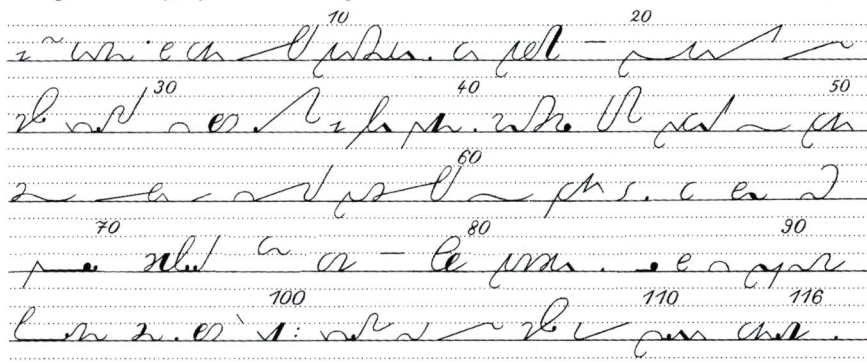

Den Einkauf vorbereiten
Frau Meinert hat ihre Einkaufswünsche in Steno notiert. **Aufgabe:** Die folgenden Artikel gegliedert aufschreiben nach a) Obst und Gemüse, b) weiteren Lebensmitteln.

Test
Das Paar hat an einem geheim gehaltenen Ort geheiratet. Solange der Föhn im Hochgebirge anhält, ist die Lawinengefahr nicht gebannt. Die verunreinigten Wege erregten den Unmut der Anwohner. Der Verteidiger rechnet mit ungefähr einem Jahr Haft für den Angeklagten. Der Krankenwagen ist unmittelbar nach dem Unfall eingetroffen.

9.1 dr, fr, pr, pfr, wr; Silbenzeichen u(h)r

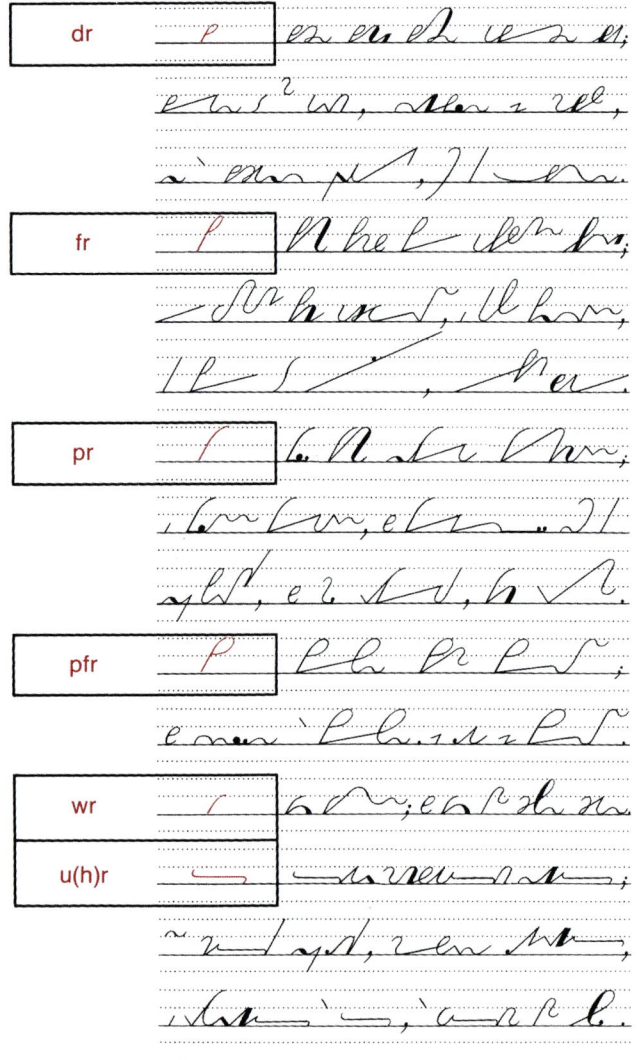

Reporter Hurtig berichtet

Reporter Hurtig erfährt von einem Unfall. Er macht sich Stenonotizen und entwirft danach seinen Bericht für das Lokalblatt. **Aufgabe:** Notizen und Bericht abschreiben.

Stenonotizen:

Bericht:

Zehn Punkte zu erreichen

Jedes richtig übertragene Wort ergibt einen Punkt. Lösung und Bewertung Seite 56.

turteln, Appretur, Dramaturgie, feingliedrig, dreiblättrig, Karikatur, Fachliteratur, primitiv, Drilling, modrig

Test

Das Wrack der *Madrid* im Hamburger Hafen lockt noch immer viele Fremde an. Drehort für den Film *Das Urteil* ist Prag, Die Wiener gehen gern in den Prater. An der Kurve vor dem Hotel *Frankfurter Hof* ereignen sich oft Unfälle. Die Pfrontener lieben ihre Berge. Der Markt kann die Nachfrage nach Gurken und Paprika befriedigen. Der Drachen blieb in der Krone einer Eiche hängen. Wer kann die Turmuhr reparieren?

9.2 Kürzel

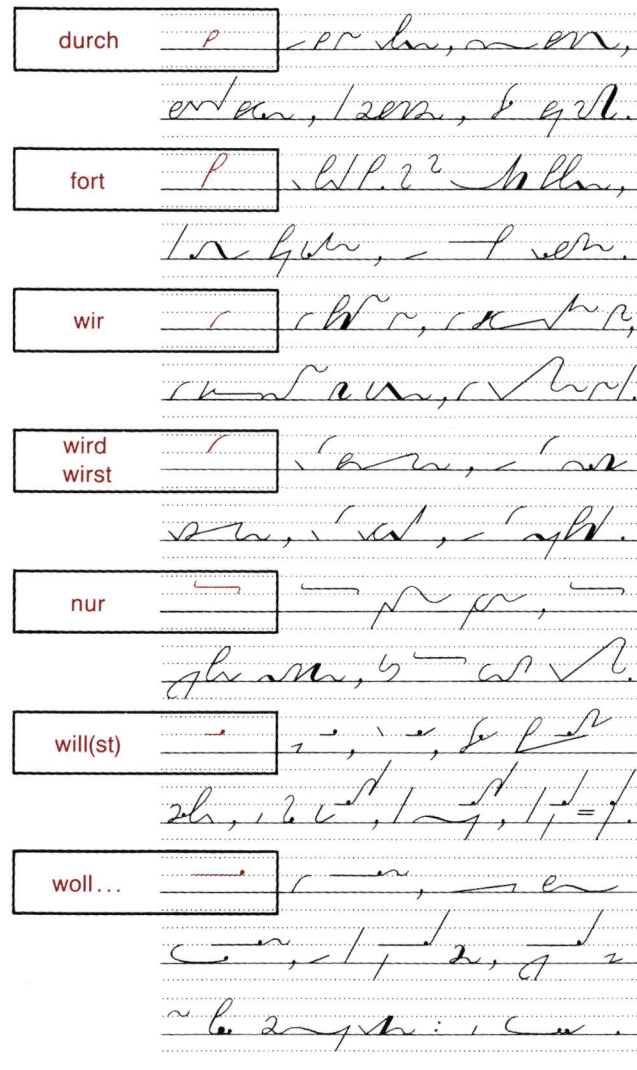

Charlottes E-Mail an ihre Mutter

Aufgabe: a) Text abschreiben; **b)** folgende Fragen mit Antworten in vollständigen Sätzen stenografieren: Wohin wollen Charlottte und Lena am Freitag fahren? Mit wem werden sich Charlotte und Lena dort treffen? Was für Bedenken hat Charlottes Mutter?

Wie heißt das passende Wort?

Aufgabe: Sätze abschreiben und in jede Lücke eine passende Worterweiterung mit *will* oder *woll…* setzen.

Test

Die ehrenamtliche Tätigkeit ist freiwillig und wird nicht entlohnt. Auf der Fahrt nach Venedig wollen wir durch die Dolomiten fahren. Der Redner wird sogleich mit dem Vortrag fortfahren. Wir beantworten Anfragen sofort. Wo ein Wille ist, da ist ein Weg. Meine Frage beantwortete Herr Lawran nur unwillig. Will Fred sich weiter fortbilden?

10.1 Selbstlaute u, eu; zwei aufeinanderfolgende Selbstlaute

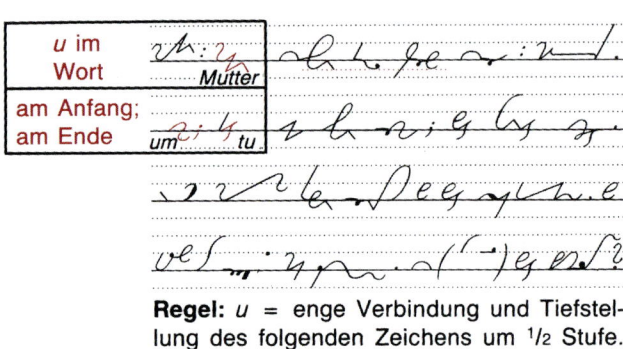

Regel: *u* = enge Verbindung und Tiefstellung des folgenden Zeichens um ½ Stufe. Tiefgestelltes *l* wird rechtswendig geschrieben und rückt unter eine Linie.

Regel: *eu* = weite Verbindung und Tiefstellung des folgenden Zeichens um ½ Stufe.

Regel: Von zwei aufeinanderfolgenden Selbstlauten wird der erste buchstäblich geschrieben.

Es geht um den Pokal

Aufgabe: a) Text abschreiben; **b)** folgende Fragen aufschreiben und in vollständigen Sätzen schriftlich beantworten: *Wer wohnt in Eutin? Warum geht Uwe jeden Tag rudern? Wer wird die Favoriten anfeuern? Bei wem wird es Jubel und Trubel und bei wem eitel Freude geben?*

Wer weiß es?

Aufgabe lösen, wie auf Seite 8 beschrieben. Die letzten Buchstaben der Wörter nennen eine sportliche Betätigung.

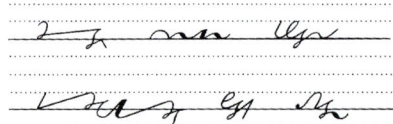

1. Musikstück für zwei Gesangsstimmen, 2. Wirrwarr, 3. Löhnung für Schiffsmannschaft, 4. alter Name für das frühere Palästina, 5. arabischer Nomade, 6. tropische Baumeidechse

Test: Frau Bauers Einkaufs- und Merkzettel

Butter, Nudeln, Backpulver, Joghurt, Pfeffer, Putenkeulen, Gurke, Blumenkohl, Vogelfutter, Bratbeutel

Noch erledigen: Balkonblumen von Gärtnerei holen, für Ute Karten für „Aida" mitbringen (nicht so teuer), Gunter anrufen, Brief von Ulrike beantworten, 17 Uhr Kino mit Michael: „Balduin und das Ungeheuer".

10.2 Kürzel; Verbindungsbogen

-lich

-ung

direkter Anschluss

l-ung

r-ung

Regel: Die Nachsilbe *-ung* wird mit linkswendigem *l* und mit *r* (nicht mit Doppel-*r*) verschmolzen.

Verbindungsbogen

Regel: Bei Bedarf wird Zusammengehöriges durch Verbindungsbogen gekennzeichnet.

Am Telefon stenografiert

Frau Becker hat für den abwesenden Chef ein Telefongespräch angenommen und den Inhalt stenografisch notiert. **Aufgabe: a)** Telefonnotiz abschreiben; **b)** Notiz in eine Nachricht für den stenografiekundigen Chef umformulieren. Unterschrift nicht vergessen!

Telefonnotiz:

Wie heißt das passende Wort?

Aufgabe: Sätze abschreiben und in jede Lücke ein auf *-ung(en)* endendes Wort setzen.

Test: Ein Kartengruß aus der Kur

Lieber Michael! Nun ist es amtlich: / Die Verwaltung hat meine Kur genehmigt. Ich kure in Bad Driburg, wo es / mir gut gefällt. Die Kureinrichtungen sind modern, es gibt viele Neuerun/gen. Täglich bekomme ich Bäder und Packungen. Die Verpflegung ist gut und / reichlich. Jeden Nachmittag promeniere ich im herrlichen Kurpark in net/ter Begleitung. Für die Erholung nicht unwichtig! Hoffentlich bleibt das Wetter / noch lange so gut. Bis bald! Dein Manfred

20
40
60
80
100
120

11.1 s, rs, Doppel-s, ß

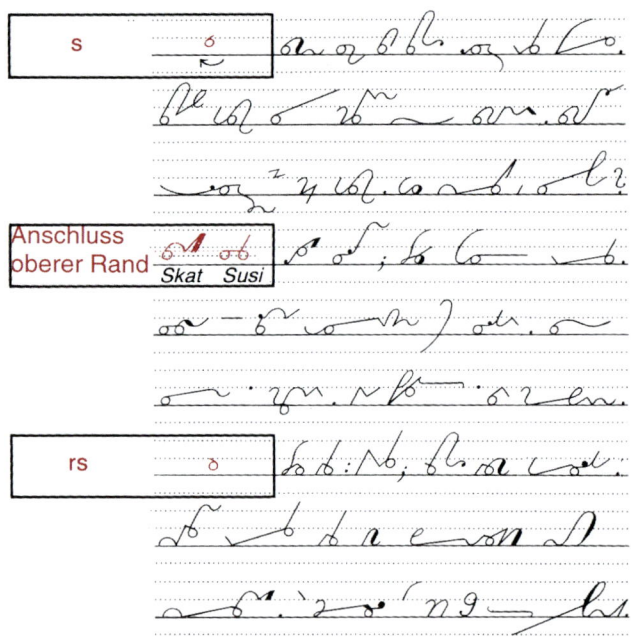

Regeln: Am Wortende hat *s* keinen Austrich. Folgt ein kleines Abstrichzeichen (*l, k, ein…*) oder buchstäbliches *e, o, i, ei*, wird am oberen Rand weitergeschrieben. Das Zeichen *rs* darf auch in der Wortzusammensetzung (*Borsalbe*) verwendet werden.

Regel: Nach Doppel-*s* (ß) werden alle Zeichen am oberen Rand angeschlossen.

Reporter Hurtig schreibt eine Filmkritik

Aufgabe: Alle Wörter, die ein *s* (*ss, ß*) enthalten, abschreiben und einüben; **b)** den gesamten Text abschreiben.

Wer weiß es?

Aufgabe lösen, wie auf Seite 8 beschrieben. Die letzten Buchstaben der Wörter (in Langschrift geschrieben) nennen etwas, was man gern zu Weihnachten isst.

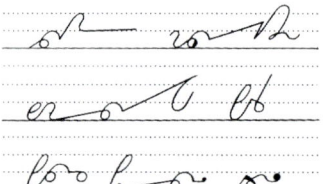

1. Staatskasse, 2. Oberkante des Daches, 3. Bewohner des hohen Nordens, 4. inhaltsarme Redensart, 5. Waffenlager, 6. Meinungsforschung, 7. Glück bringender Talisman

Test: Eine SMS an Markus

Hallo, Markus! Hast Du vergessen, dass / wir verabredet waren? Wir wollten   20
surfen und danach ins Kino gehen. / Thomas und Torsten sind hier. Wenn du nicht   40
mehr surfen, aber mit ins Kino kom/men willst, musst Du um 17 Uhr vor dem   60
Apollo sein. Es gibt einen Western / und *Die Piraten vom Mississippi*.   80

11.2 Kürzel

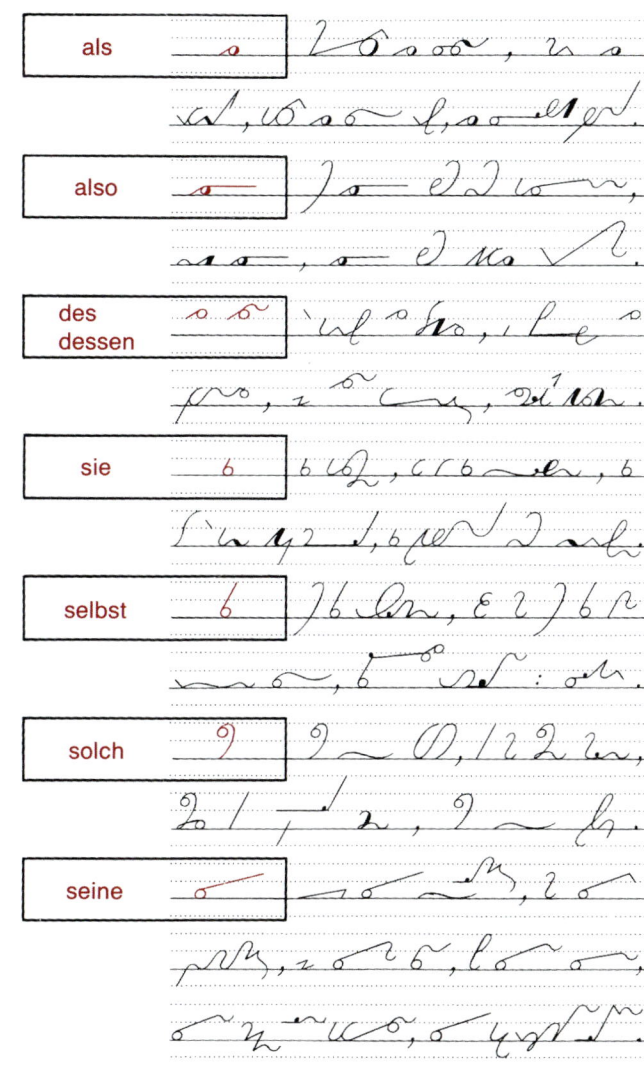

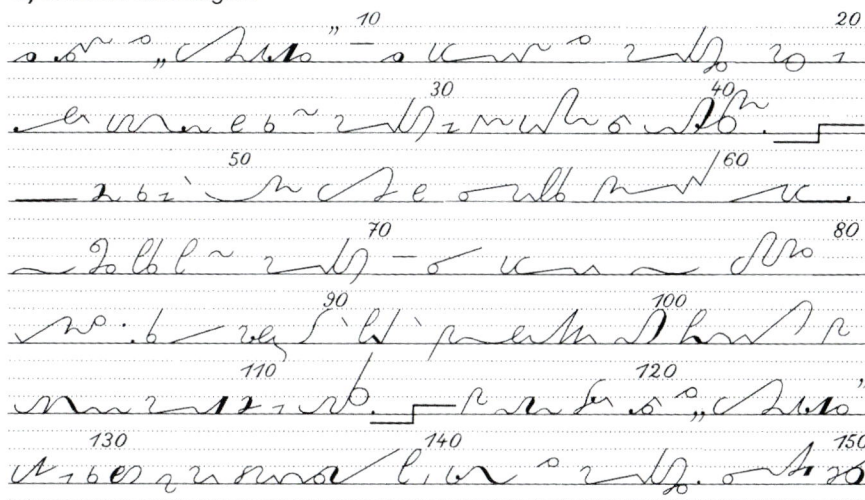

Frau Hasse entwirft einen Leserbrief

Aufgabe: a) Stenoentwurf abschreiben; **b)** Kommas setzen (Lösung Seite 56); **c)** Entwurf übertragen.

Zehn Punkte zu erreichen

Jedes richtig übertragene Wort ergibt einen Punkt. Lösung und Bewertung Seite 56.

Risiko, Sinfonie, Mikroskop, Sirup, Musikant, Assessor, simulieren, Muskulatur, Manuskript, Moskito

Test

Der Sänger hatte bei seinem Auftritt in Dresden großen Erfolg. Als Sohn eines Fußballers will Oskar seinem Vater nacheifern und selbst Fußballer werden. Der Angeklagte will sich also selbst verteidigen. Als Selbstversorgerin ist Sarah unabhängig von den Angeboten des Marktes. Wegen seiner Selbstlosigkeit gilt Lukas vielen als Vorbild. Lassen Sie sich ein solches Ereignis nicht entgehen!

[1] Regel siehe Seite 38.

12.1 z (tz), sch, st; *l*-Verbindungen

Regel: Fußschleifen-*st* darf in deutschen Wörtern nur am Stammanfang stehen *(Stadt, Bestellung)*, nicht am Stammende *(gestern)*.

Regel: Außer nach gerade- und linksauslaufenden Zeichen wird *l* nach Fußschleifenzeichen vorgelegt.

Der Seniorchef entwirft seinen letzten Geschäftsbrief

Aufgabe: a) Entwurf abschreiben; **b)** Kommas setzen (Lösung Seite 56); **c)** Entwurf übertragen.

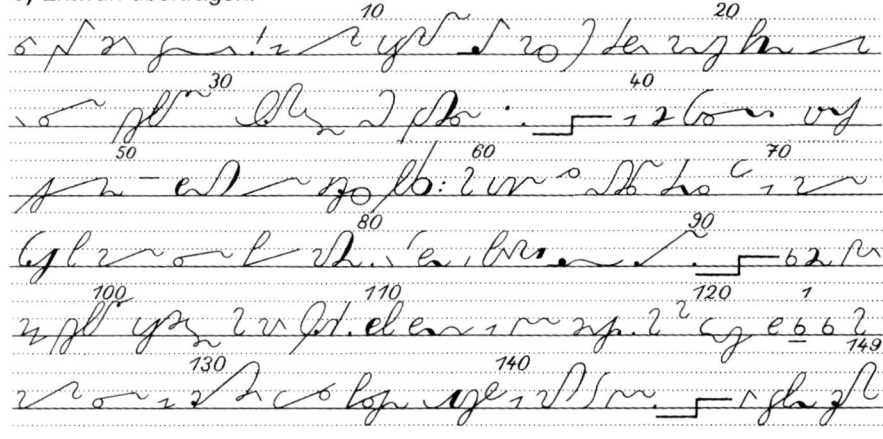

Wer weiß es?

Aufgabe lösen, wie auf Seite 8 beschrieben. Die letzten Buchstaben der Wörter nennen einen Begriff für etwas, was man beim Einkaufen nicht vergessen sollte.

1. Stadt in Kroatien, 2. Geld- oder Schmuckkästchen, 3. Gemeinschaftssiedlung in Israel, 4. Stadt in Südfrankreich, 5. etwas zum Anziehen, 6. Wohnsitz, 7. Laienrichter, 8. rückgängig machen

Test: Steffen notiert Schulaufgaben in Steno

Französisch: Kurzgeschichte *Schlaflos / im Zug nach Nizza* lesen und mit eigenen Worten nacherzählen. Satzlehre: / Die Satzarten der ersten vier Sätze der Geschichte erklären; sodann die / Satzglieder Subjekt, Prädikat und Objekt tabellarisch notieren. Statis/tik: Bis 15. März die Fragen beantworten: Was ist Statistik? Wer er/stellt Statistiken und wer nutzt sie?	20 40 60 80 99

[1] Unterstreichen = Großschreibung (Regel Seite 58).

12.2 Kürzel

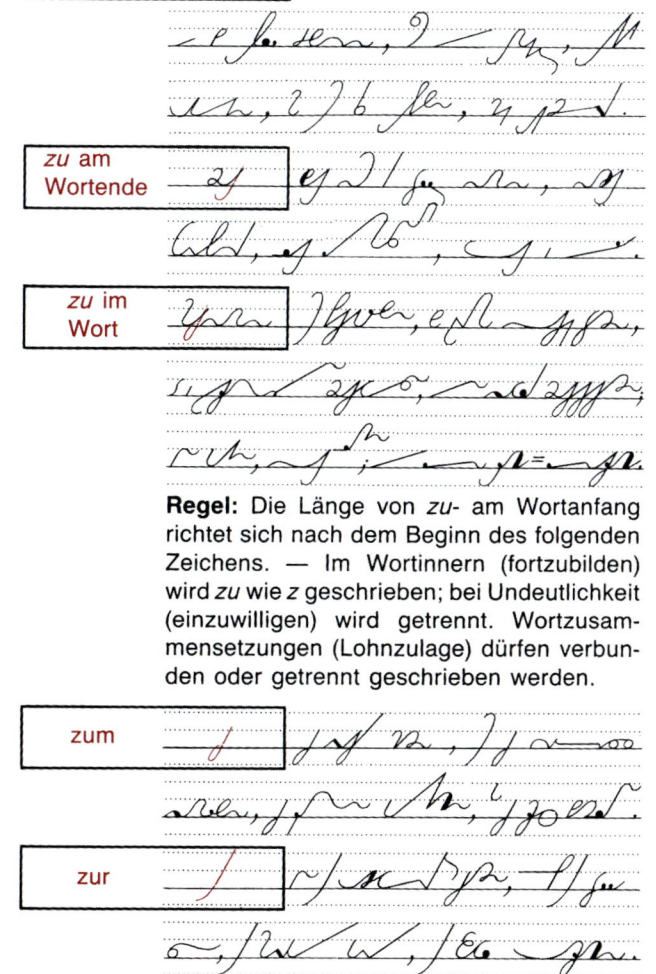

Regel: Die Länge von *zu-* am Wortanfang richtet sich nach dem Beginn des folgenden Zeichens. — Im Wortinnern (fortzubilden) wird *zu* wie *z* geschrieben; bei Undeutlichkeit (einzuwilligen) wird getrennt. Wortzusammensetzungen (Lohnzulage) dürfen verbunden oder getrennt geschrieben werden.

Frau Becker entwirft einen Brief
Aufgabe: a) Entwurf abschreiben; **b)** Kommas setzen (Lösung Seite 56); **c)** Text übertragen.

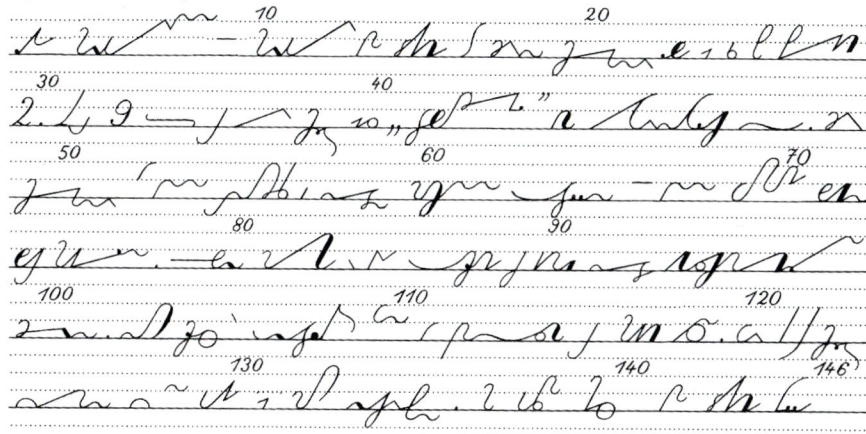

Nebensätze umwandeln
Aufgabe: Folgende Bindewortsätze (Konjunktionalsätze) in Grundformsätze (Infinitivsätze) umwandeln. Kommaregeln auf Seite 55 beachten.

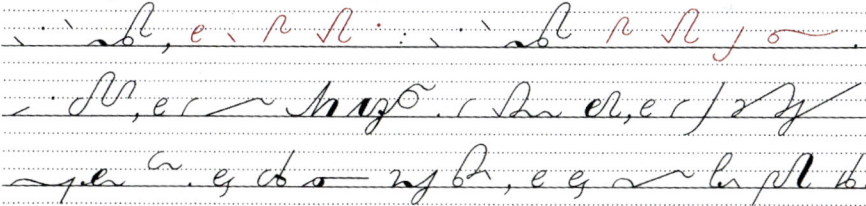

Test: Zum ersten Mal zur Wahl

Viele junge Menschen gingen zum ers/ten Mal zur Wahl. Die Regierung hatte 20
zur regen Wahlbeteiligung aufge/rufen. Viele kamen zu den Wahllo- 40
kalen, um ihrer Wahlpflicht nachzukom/men und ihre Stimme abzugeben. 60
Dazu war nicht mehr nötig, als den Na/men eines Politikers auf dem Wahl- 80
zettel anzukreuzen und den Zettel / durch den Schlitz der Wahlurne zu stecken. 100

13.1 nd, ndr, rd, mp, mpf; Rückkehr zur Grundlinie

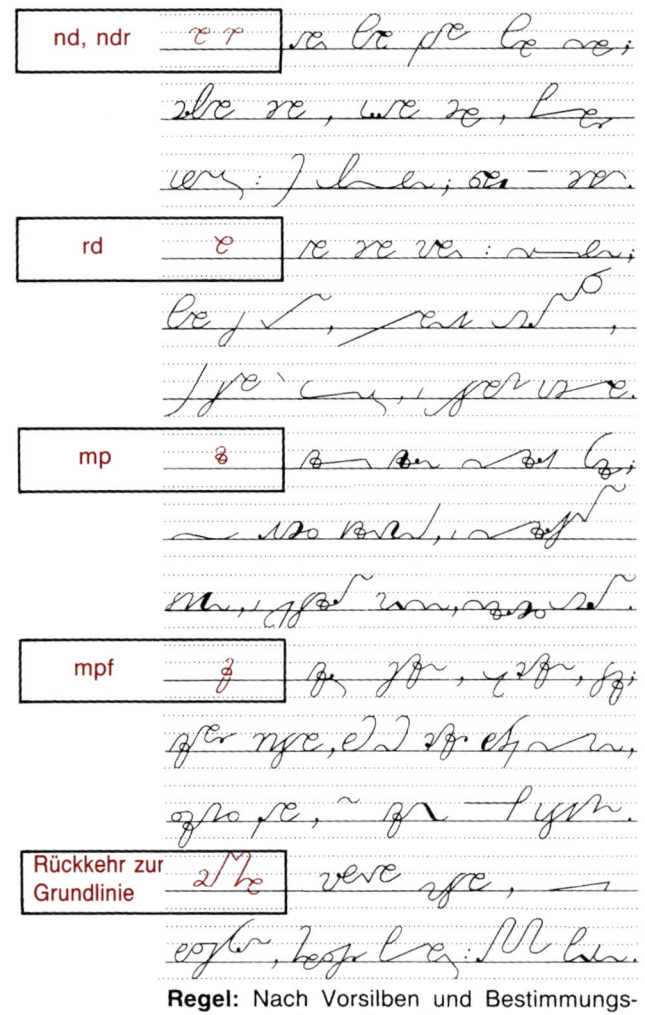

Regel: Nach Vorsilben und Bestimmungswörtern darf zur Grundlinie zurückgekehrt werden, wenn das Wort lesbar bleibt.

Eine Klassenfahrt nach Helgoland

Schülerin Heike entwirft für die Schülerzeitung einen Bericht über eine Klassenfahrt nach Helgoland. **Aufgabe: a)** Entwurf abschreiben; **b)** Entwurf noch einmal in der Vergangenheitsform (*sangen* statt *singen*) schreiben.

Wer weiß es?

Aufgabe lösen, wie auf Seite 8 beschrieben. Die ersten Buchstaben der Wörter nennen ein Insekt.

1. Heilmittel, 2. Gebirge in Frankreich, 3. Statist, 4. erhöhter Sitzraum, 5. stark beschädigen, 6. Baumart, 7. deutscher Schriftsteller, 8. volkstümlicher Ausdruck für Gitarre

Test: Urlaubsziel Griechenland

Griechenland lockt Jahr für Jahr viele Be/sucher an. Sie kommen mit dem Wagen, 20
mit dem Flugzeug, mit der Bahn oder mit / dem Dampfer. Nicht alle sind Bewunde- 40
rer der griechischen Tempel und der be/deutenden antiken Funde. Oft sind 60
es sonnenhungrige Nordländer, die / sich nur erholen wollen. Sie lieben 80
Wärme und finden selbst Temperatu/ren weit über 30 Grad erträglich. 100

13.2 Kürzel

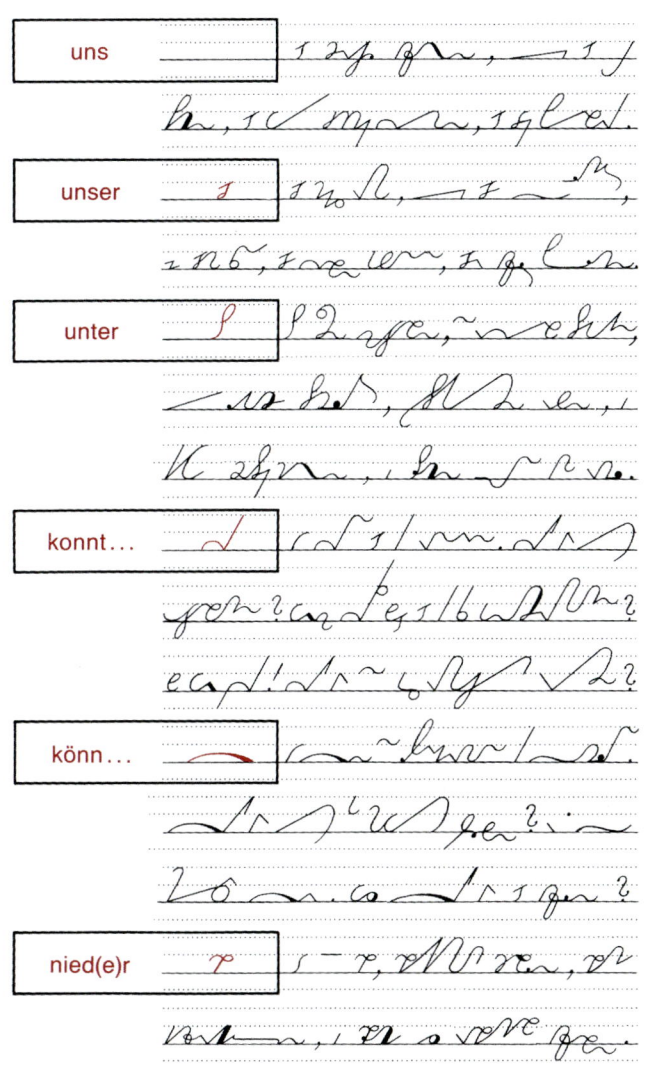

Herr Bosse entwirft einen Serienbrief zur Eingabe in den Computer

Aufgabe: a) Entwurf abschreiben; **b)** Kommas setzen (Lösung Seite 56).

Wie heißt das passende Wort?

Aufgabe: Wendungen abschreiben und in jede Lücke eine passende Worterweiterung mit *unter* einsetzen. Manchmal passen mehrere Wörter.

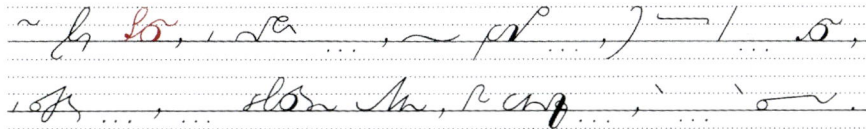

Test: Unter- und Oberjecken?

Wenn wir uns in Landkarten vertiefen, / können wir zahlreiche Namen finden, 20
die sich nur durch den ersten Wortteil un/terscheiden. Da gibt es Oberpfaffen- 40
hofen und Niederpfaffenhofen, zu / Oberhambach gesellt sich Niederham- 60
bach, zu Oberlangen Niederlangen. / Doch bei Oberoberdorf und Nieder- 80
oberweiler konnten wir Nieder/niederdorf und Oberniederweiler nicht 100
entdecken. Ebenso hat Unter/jeckendorf kein Ober/jeckendorf zu bie- 120
ten. Hatten Bewohner Bedenken, als / Oberjecken bezeichnet zu werden? 140

14.1 Selbstlaute ü, ä; Worttrennung

| ü im Wort | Tür Güter |
| am Anfang; am Ende | Übel ü |

Regel: *ü* = enge Verbindung und Hochstellung des folgenden Zeichens um ½ Stufe mit Verstärkung.

| ä im Wort | wäre |
| am Anfang; am Ende | Ära ä |

Regel: *ä* = weite Verbindung und Hochstellung des folgenden Zeichens um ½ Stufe mit Verstärkung. Anwendung: bei Verwechslungsgefahr, in Fremdwörtern, im Konjunktiv.

| Worttrennung | |

Regel: Worterweiterungen und -zusammensetzungen dürfen getrennt geschrieben werden, wenn das Wortbild zu hoch, zu tief, undeutlich oder die Verbindung unhandlich wäre.

Der „Nürnberger Trichter"

Aufgabe: a) alle Wörter mit *ü* heraussuchen und abschreiben; **b)** alle Wörter mit *ä* heraussuchen und abschreiben; **c)** gesamten Text abschreiben.

Wer weiß es?

Aufgabe lösen, wie auf Seite 8 beschrieben. Die ersten Buchstaben der Wörter nennen ein anderes Wort für hänseln.

1. Förmlichkeit, 2. Ursprünglichkeit, 3. Öffentlichkeit, 4. untätiges Verhalten, 5. Gleichheit, 6. Unparteilichkeit

Test: Reporter Hurtig entwirft Kurzbesprechung eines Filmes

„Tödliches Menü" ist kein Krimi für / empfindsame Gemüter. Ort der Handlung ist ein altes Palais auf einem / Eiland der Ägäis. Dorthin hat Kapitän Skopäa schillernde Gestal/ten der mondänen Welt zu einem festlichen Menü geladen. Als er plötz/lich den berüchtigten Anführer einer üblen Bande von See her nahen / sieht, beginnen die Kalamitäten. Wer schließlich dem tödlichen Menü zum / Opfer fällt, erfährt der Kinobesucher erst in letzter Minute. — „Tödli/ches Menü" macht jeden Müden munter.

---

[1] *ue* in Fremdwörtern = *ü*. [2] *ais* in Fremdwörtern = *ä*.

14.2 Kürzel

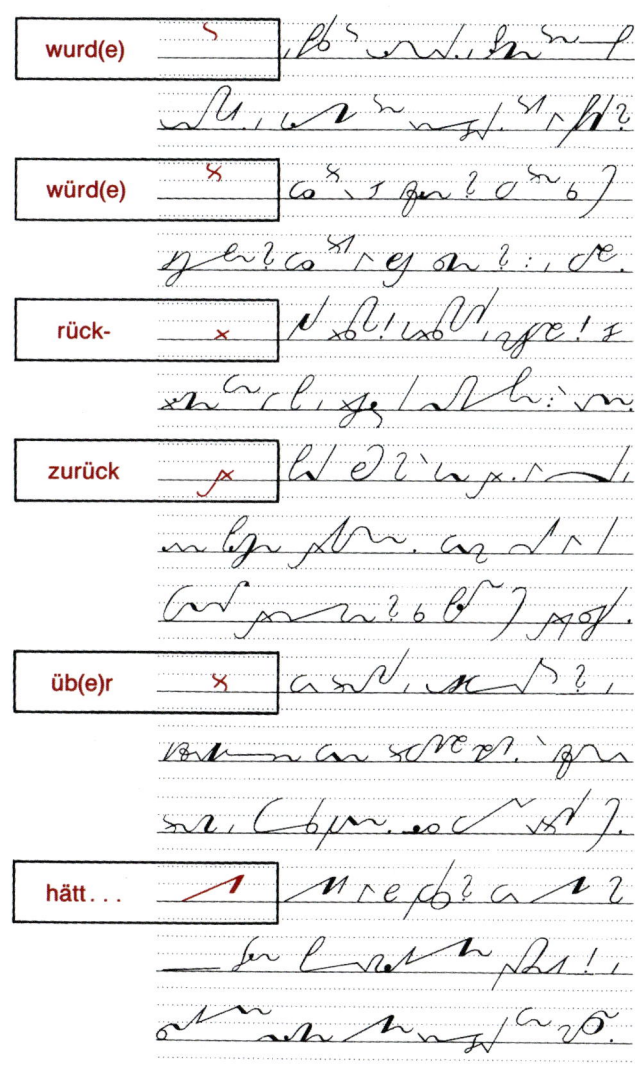

Reporter Hurtig berichtet

Reporter Hurtig telefoniert mit der Stadtverwaltung, notiert das Wichtigste in Steno und entwirft einen Bericht. **Aufgabe: a)** Stenonotiz und Bericht abschreiben; **b)** Kommas setzen (Lösung Seite 56); **c)** Text übertragen.

Stenonotiz:

Bericht:

Test

Die Angestellten beklagten sich über die Überstunden, die sie hätten leisten müssen. Ich würde mir gern den Jahresrückblick ansehen. Dass der Präsident zurücktreten würde, damit hätte ich nicht gerechnet. Die Hochzeit der Prinzessin wurde im Fernsehen übertragen. Auf der Rückfahrt von unserer Reise wurden wir von einem Unwetter überrascht. Das Hallenbad wurde wegen Überfüllung vorübergehend geschlossen. Hätten Sie die richtige Antwort gewusst? Der überwältigende Sieg unserer Handballer über den Tabellenführer hat alle überrascht. Ich würde Ihnen empfehlen, Ihren Entschluss, sich ins Privatleben zurückzuziehen, noch einmal zu überdenken.

15.1 sp, spr, str, schr; Selbstlaute am Ende eines Wortteils

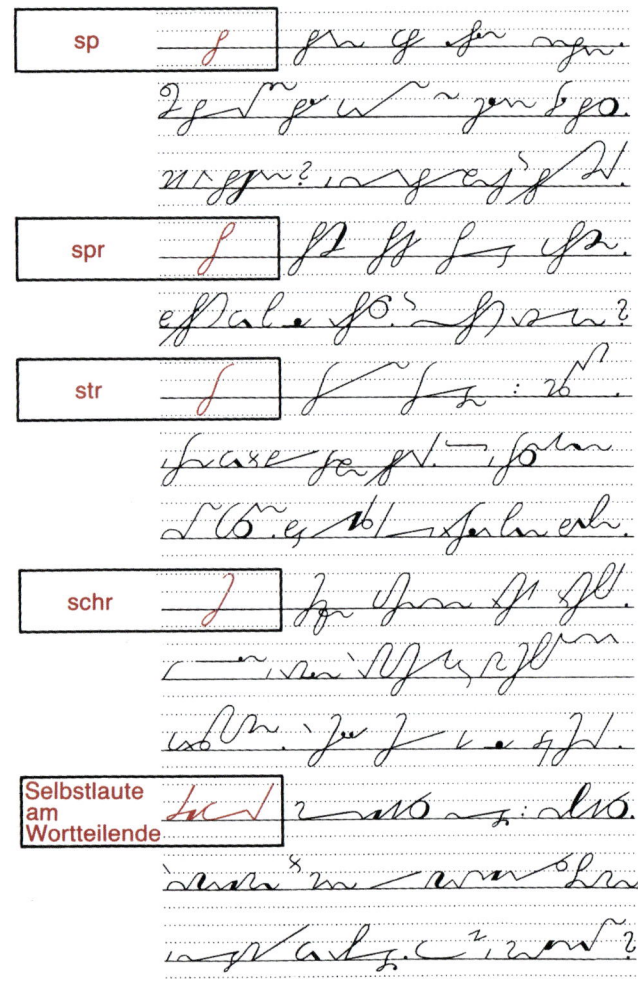

Regel: Abstrichselbstlaute werden am Ende eines Wortteils buchstäblich geschrieben.

Die Kurzschrift als Geburtshelferin
Aufgabe: a) Text abschreiben; **b)** Text übertragen

Wer weiß es?
Aufgabe lösen, wie auf Seite 8 beschrieben. Die letzten Buchstaben der Wörter nennen einen Mädchennamen.

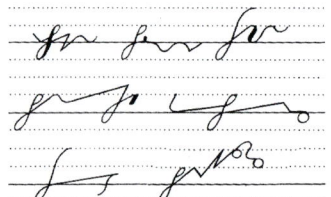

1. Meerenge bei Istanbul, 2. Material für Lager der Stalltiere, 3. Geisterlehre, 4. niederländischer Philosoph, 5. russischer Mönch, 6. Gewebe für Stickereien, 7. verrufene Kneipe

Test: Ausschnitt aus Anjas stenografisch geführtem Tagebuch
Heute habe ich mich mit Astrid getroffen, um Spanisch für unsere Klassenarbeit zu üben. Bei Gesprächen in Spanisch muss ich mich noch sehr anstrengen, doch langsam mache ich Fortschritte. Die Übungen haben mir viel Spaß gemacht. Anschließend sind wir ins Kino gegangen und haben den Film *Das Geheimnis um die Stradivari* gesehen. Es hat mich abgelenkt von meinem Streit mit Stefan.

15.2 Kürzel

vom	
vielleicht	
ander	
Doktor (Dr.)	
dar	
sei, seid	

Ein Brief zur Eingabe in den Computer

Zahnarzt Dr. Strobel entwirft für die Speicherung im Computer einen Brief an säumige Zahler. **Aufgabe: a)** Entwurf abschreiben und in Absätze gliedern; **b)** Kommas setzen (Lösung Seite 56).

Was passt wozu?

Aufgabe: Sätze abschreiben und in jede Lücke eine Worterweiterung mit *dar-* setzen.

Test: Auszug aus Anjas stenografisch geführtem Tagebuch

Mir geht es ziemlich schlecht. Warum muss mich gerade jetzt die Grippe erwischen? Ich hatte mich so darauf gefreut, unsere Freunde mit vom Bahnhof abzuholen. Statt ihnen die Stadt zu zeigen, liege ich mit einer Magen- und Darmgrippe im Bett, vielleicht noch für längere Zeit. Dr. Schreiner sagt, mit einer Woche Bettruhe sei zu rechnen. Zum anderen: Meine Grippe hat nicht nur negative Seiten. Vorhin hat Stefan angerufen. Er war sehr erschrocken. Heute Abend will er mich besuchen.

---
[1] Abkürzung für Euro. Regel s. Seite 47.

16.1 Das Häkchen; Wegfall des Häkchens

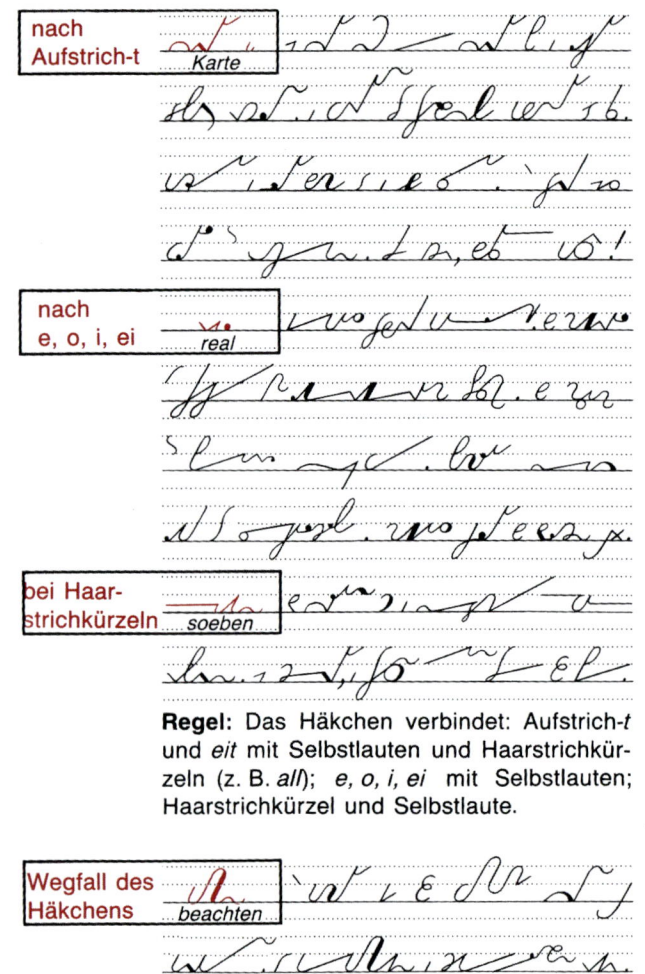

Regel: Das Häkchen verbindet: Aufstrich-*t* und *eit* mit Selbstlauten und Haarstrichkürzeln (z. B. *all*); *e, o, i, ei* mit Selbstlauten; Haarstrichkürzel und Selbstlaute.

Regel: Nach deutschen Vorsilben und Vorwörtern entfällt das Häkchen.

Italien und das Häkchen

Aufgabe: a) Alle Wörter mit Häkchen heraussuchen und abschreiben; **b)** gesamten Text abschreiben.

Wer weiß es?

Aufgabe lösen, wie auf Seite 8 beschrieben. Die letzten Buchstaben der Wörter nennen den Namen eines Wirbelsturmes.

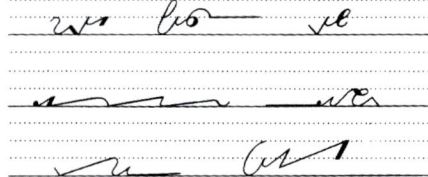

1. taktvolle Rücksichtnahme, 2. Misserfolg, 3. Rosenlorbeer, 4. griechische Sagengestalt, 5. Mädchenname, 6. arabische Hauptstadt, 7. Gestalt bei Shakespeare

Test: Geschäftsbrief

Grüß Gott, lieber Wanderfreund! Hier ist / er, unser Wanderkatalog mit vie-	20
len verlockenden Angeboten. Wie / wäre es mit Ferienwandern in	40
Tunesien mit Abstecher in die / Wüste und dem Besuch einer Oa-	60
se? Vielleicht wollen Sie Spanien ein/mal von einer anderen Seite ken-	80
nenlernen? Dann sei Ihnen die grandi/ose Bergwelt in Andalusien	100
als Wanderziel empfohlen. Und nun viel / Spaß beim Studium des Kataloges!	120

[1] Wellenlinie = Gedankenstrich.

16.2 Kürzel

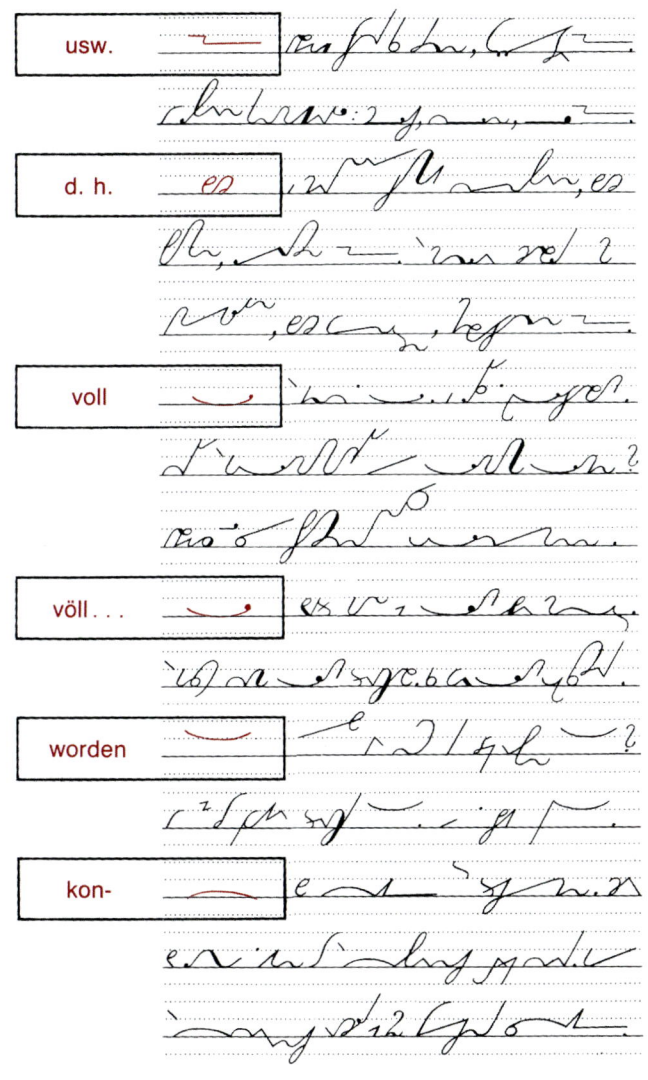

Eine persönliche Mitteilung
Joachim, Mitarbeiter eines Jugendverbandes, legt seinem Freund Ulli eine stenografische Mitteilung auf den Schreibtisch. **Aufgabe: a)** Mitteilung abschreiben; **b)** folgende Fragen schriftlich in vollständigen Sätzen beantworten: *Wobei fühlt sich Joachim völlig allein gelassen? Worum bittet Joachim seinen Freund Ulli? Woher kann Ulli das Geld für Briefmarken nehmen?*

wurde — worden
Aufgabe: Jeden Satz in der ersten Vergangenheit (Präteritum) und in der zweiten Vergangenheit (Perfekt) schreiben.

Test: Die Sprachsilbenfuge
Die Kurzschrift geht nicht völlig konform mit / der Langschrift. Sie berücksichtigt im Gegensatz zur Langschrift die sprachliche Glie/derung des Wortes, d. h., sie hebt seine Bestandteile wie Stamm, Vor- und Nach/silben deutlich hervor. Sprachsilbenfuge heißt die Nahtstelle, wo Vorsilbe / und Stamm (Beispiel *ge|worden*), Stamm und Stamm (Beispiel *Welt|all*) und Stamm und Nachsilbe / (Beispiel *wert|voll*) aufeinandertreffen.

17.1 Selbstlaute au, äu; Stellungswechsel von Kürzeln

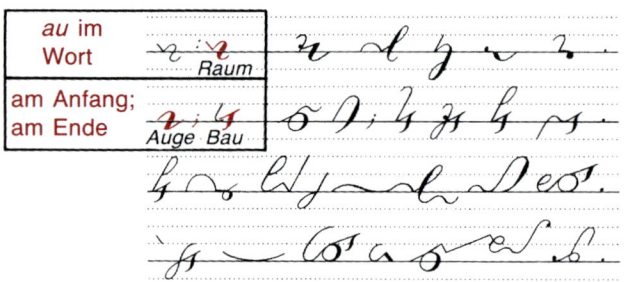

Regel: *au* = enge Verbindung und Tiefstellung des folgenden Zeichens um ½ Stufe mit Verstärkung.

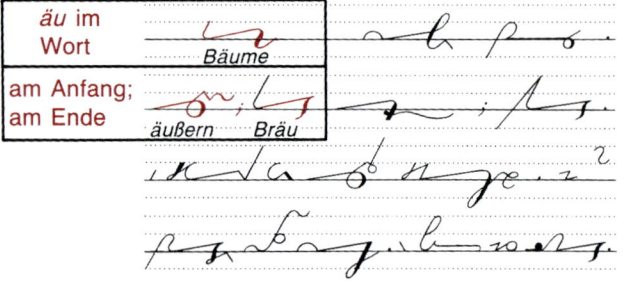

Regel: *äu* = weite Verbindung und Tiefstellung des folgenden Zeichens um ½ Stufe mit Verstärkung.

Regel: Auf der Oberlinie stehende Kürzel dürfen am Wortanfang zur besseren Verbindung eine halbe Stufe heruntergeholt werden.

Reporter Hurtig berichtet

Reporter Hurtig hat einen Artikel entworfen. **Aufgabe: a)** Artikel abschreiben; **b)** alle Wörter mit au, dann alle Wörter mit äu heraussuchen und einüben.

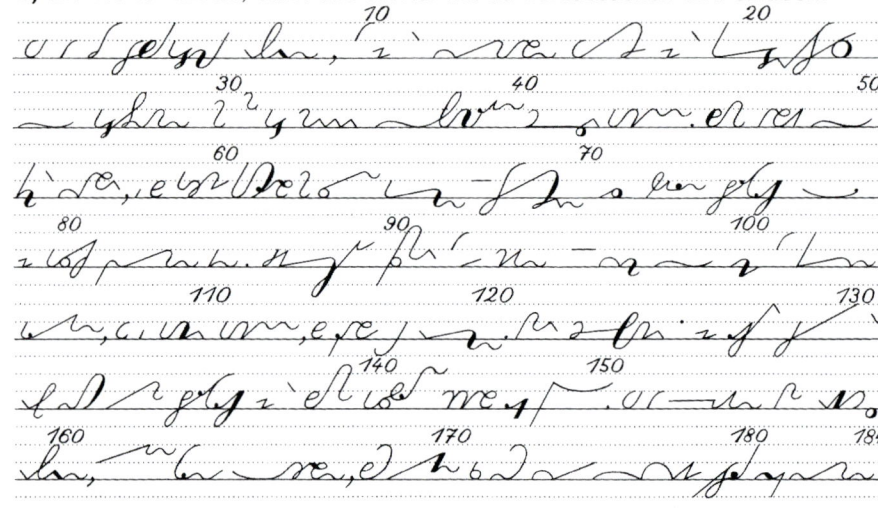

Wer weiß es?

Aufgabe lösen, wie auf Seite 8 beschrieben. Die ersten Buchstaben der Wörter nennen ein Insekt.

1. Alpenlandschaft, 2. Fluss in Tschechien, 3. Sohn Isaaks, 4. kleiner Nebenfluss der unteren Elbe, 5. Mutterschwein, 6. Schloss am Wettersteingebirge

Test: Udos Notizen im Biologieunterricht

Thema: Käuze. Käuze sind lautlos fliegende Nachtvögel. Nützliche Mäusevertilger. Fressen außerdem Ratten, Maulwürfe, Fledermäuse und Insekten. Leben in Parkanlagen, auf Friedhöfen, in alten Wäldern (Waldkauz), nisten in Mauerlöchern, Gebäudenischen, Baum- oder anderen Höhlen. Wurden früher wegen ihrer nächtlichen schauerlich klingenden Rufe als Totenvögel bezeichnet und deswegen verfolgt. Alter Aberglaube, Unfug. Stehen heute unter Naturschutz.

17.2 Kürzel

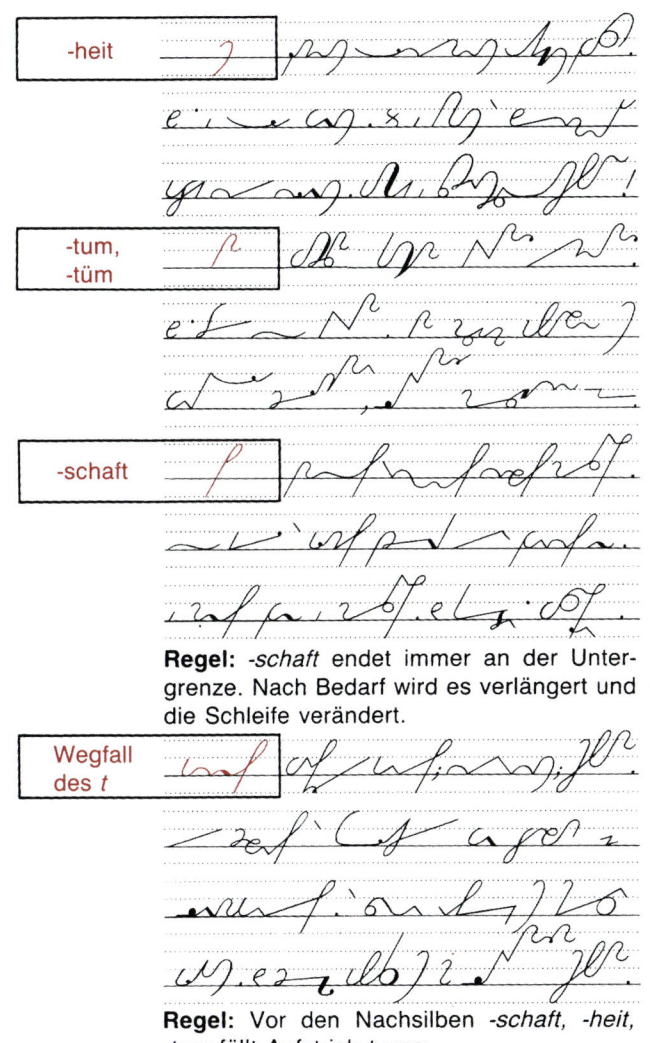

Regel: *-schaft* endet immer an der Untergrenze. Nach Bedarf wird es verlängert und die Schleife verändert.

Regel: Vor den Nachsilben *-schaft*, *-heit*, *-tum* fällt Aufstrich-*t* weg.

Reporter Hurtig auf Reisen
Auf der Rückreise von Wien, im Intercity, beginnt Reporter Hurtig mit der stenografischen Niederschrift seiner Reiseeindrücke. **Aufgabe: a)** Text abschreiben; **b)** Text übertragen.

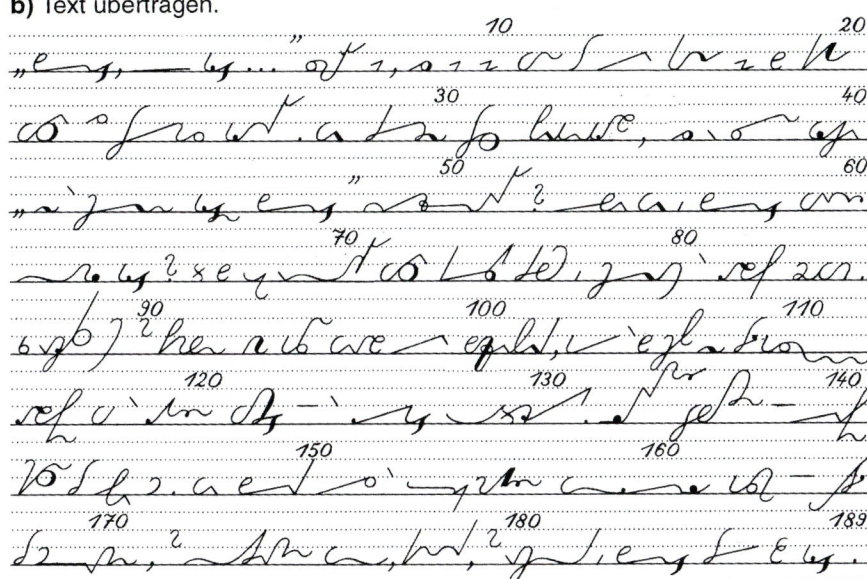

Zehn Punkte zu erreichen
Jedes richtig übertragene Wort ergibt einen Punkt. Lösung und Bewertung Seite 56.

Kaukasus, Zartheit, bäuerisch, Blaulicht, Partnerschaft, Taunus, Auditorium, säuseln, Sauerland, Seltenheit.

Test: Bäuerliche Absatzgenossenschaften
Viele landwirtschaftliche Betriebe / liegen in abgelegenen Ortschaf- 20
ten. Dort können sie ihre Produkte / nicht absetzen, weil es nicht genügend 40
Kundschaft gibt. Bäuerliche Absatzge/nossenschaften nehmen ihnen deshalb 60
Ware ab und verkaufen sie weiter. / Das Verfahren bietet den Bauern Si- 80
cherheit und die Gewissheit, nicht auf ih/rem Ernereichtum sitzen zu bleiben. 100

18.1 Linkswendiges s

rechtsrunde Zeichen — rechts

geradeauslaufende Zeichen — stets

Regel: Nach rechtsrunden und geradeauslaufenden Zeichen sowie nach Aufstrich-*t* (*eit*) wird *s* linkswendig geschrieben.

Sprachsilbenfuge — Einsicht

Regel: An der Sprachsilbenfuge (*An/sicht, Klapp/sitz, Tat/sache*) wird *s* rechtswendig geschrieben.

Ein Brief zur Eingabe in den Computer

Herr Bosse entwirft einen Serienbrief für die Speicherung im Computer. **Aufgabe:** a) Entwurf abschreiben und in Absätze gliedern; b) Entwurf übertragen.

Wer weiß es?

Aufgabe lösen, wie auf Seite 8 beschrieben. Die letzten Buchstaben der Wörter nennen ein Gefäß zum Zerkleinern.

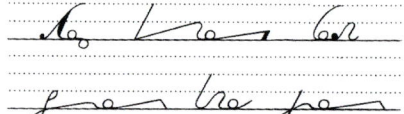

1. geistliches Lied, 2. norwegische Stadt, 3. Prüfer, 4. Fehler, Versehen, 5. Insekt, 6. Förderer, Geldgeber

Test: Durch Kurzschrift Prozess gewonnen

Dass ein Rechtsanwalt dank seiner Kurzschrift/kenntnisse einen Prozess gewinnt, kommt	20
nicht alle Tage vor. Rechtsanwalt Dr. / Hansen brachte das Kunststück fertig.	40
Als der Prozessgegner vor dem Amtsrich/ter behauptete, eine bestimmte	60
Äußerung niemals getan zu haben, / las Dr. Hansen seine Stenono-	80
tizen vor und überführte ihn so / der Unwahrheit. Er gewann den Prozess.	100

18.2 Kürzel mit linksschwendigem s

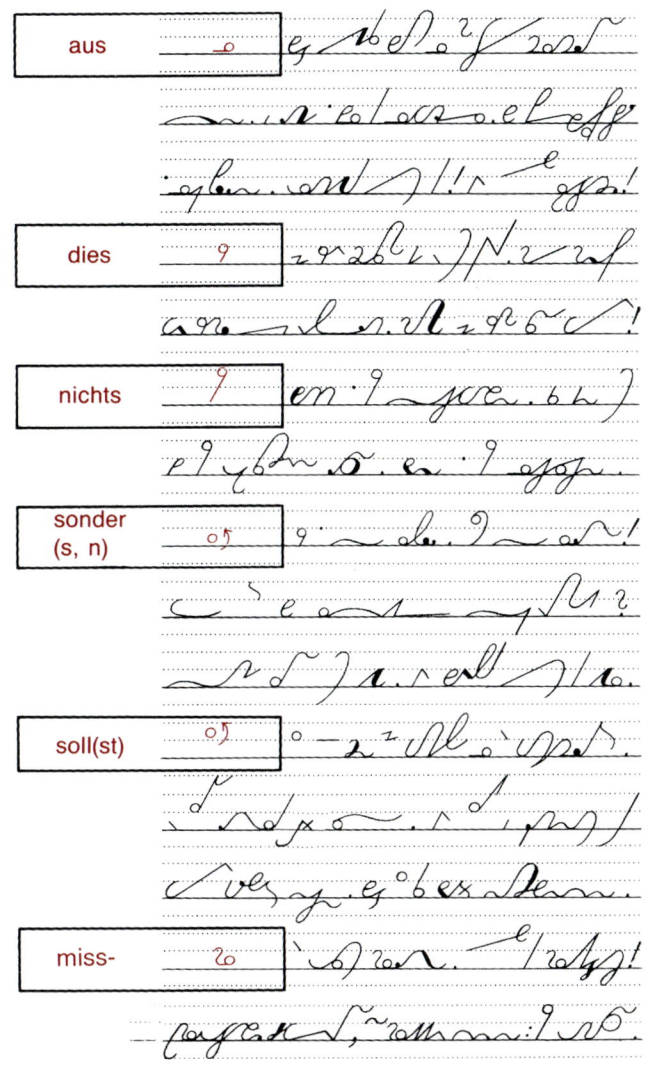

Was beim Kauf eines Gebrauchtwagens zu beachten ist

Aufgabe: a) Text abschreiben; **b)** alle Punkte aufzählen, die ein Kaufvertrag enthalten sollte.

Test: Ein Kuchen wie ein Baum

Um kein Missverständnis aufkommen zu / lassen: Der Baumkuchen wächst nicht auf Bäu-	20
men, sondern wird vom Bäcker gebacken. / Wer hat diesen aus erlesenen Zu-	40
taten gebackenen Kuchen erfun/den? Nach einer alten Lesart soll er	60
aus Ungarn zu uns gekommen sein. Ob / diese Vermutung stimmt? Nichts Genaues	80
weiß man nicht. Berühmt für ihre Baumku/chenbäckerei ist die Stadt Salzwedel	100
in Sachsen-Anhalt. Dort backt man Baumku/chen schon seit 1807. Der	120
Besucher kann bei einem Schaubacken / zusehen, wie dieses Kunstwerk entsteht.	140

19.1 zw, schw, schm, schn; Endungen -t, -s und -st

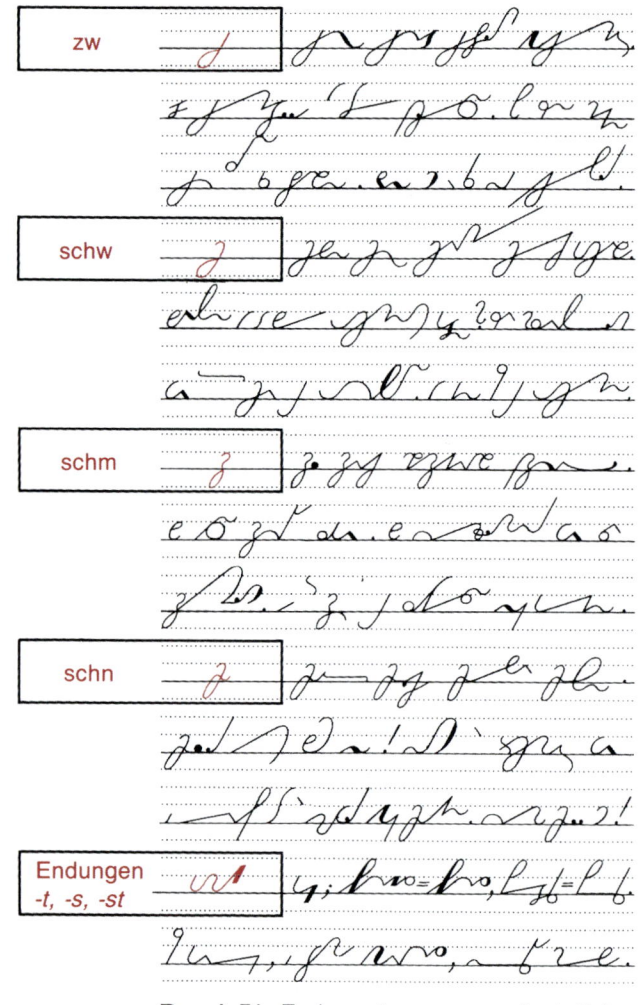

Regel: Die Endung *-t* **muss**, *-s* und *-st* dürfen den Stammselbstlaut sinnbildlich andeuten.

Schwere Zeiten für Abenteurer
Aufgabe: Mit eigenen Worten niederschreiben, warum es Abenteurer heute schwer haben.

Wer weiß es?
Aufgabe lösen wie auf Seite 8 beschrieben. Die letzten Buchstaben der Wörter nennen einen Raubvogel.

1. Stadtteil Münchens, 2. lange Hiebwunde, 3. törichtes Gerede, 4. Stechmücke, 5. Land in Vorderindien

Test: Herr Schnelle als Hobbykoch
Herr Schnelle kocht leidenschaftlich gern. Oft / überrascht er seine Familie 20
mit einer Spezialität: einer / französischen Zwiebelsuppe, einem 40
Schweizer Fondue usw. Und al/les schmeckt vorzüglich und schmeichelt dem Gau- 60
men. Sein Schmorbraten ist schmackhaft zube/reitet und schmilzt auf der Zunge. Von sei- 80
nem Gulasch mit Zwiebeln und den knusprig / gebratenen Schnitzeln schwärmen alle. 100

19.2 Kürzel

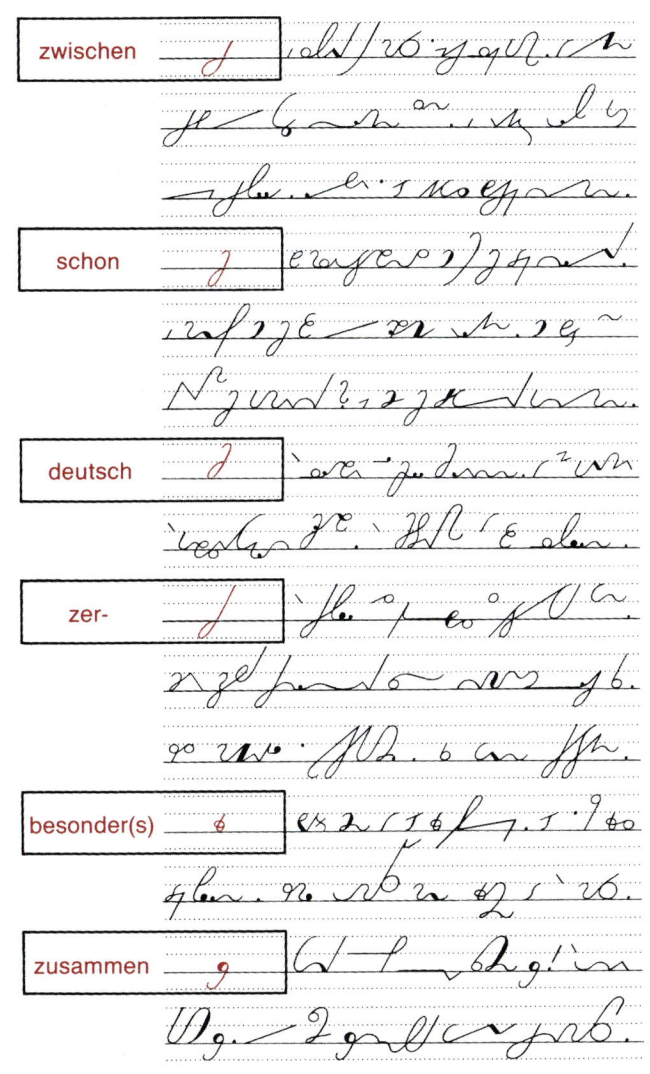

Mord im alten Rom

Aufgabe: a) Text abschreiben; **b)** in wenigen Sätzen den Unterschied zwischen einer Wort- und Buchstabenschrift erläutern.

Test: Wie aus der Zugspitze ein Dreitausender wurde

Besonders die Garmisch-Partenkirche/ner hat es schon immer gewurmt: Der 20
2.962 / Meter hohen Zugspitze an der Grenze 40
zwischen Deutschland und Österreich fehlten / 38 Meter zum Dreitausen- 60
der. Das wollten sie zusammen ändern. / Sie schleppten Steine auf den zerklüfte- 80
ten Gipfel und schichteten so viele / aufeinander, bis aus dem Torso ein 100
Dreitausender geworden war. Wer es / nicht glaubt, steige hinauf und messe nach. 120

20.1 c, cr, qu, x; doppelter Mitlaut

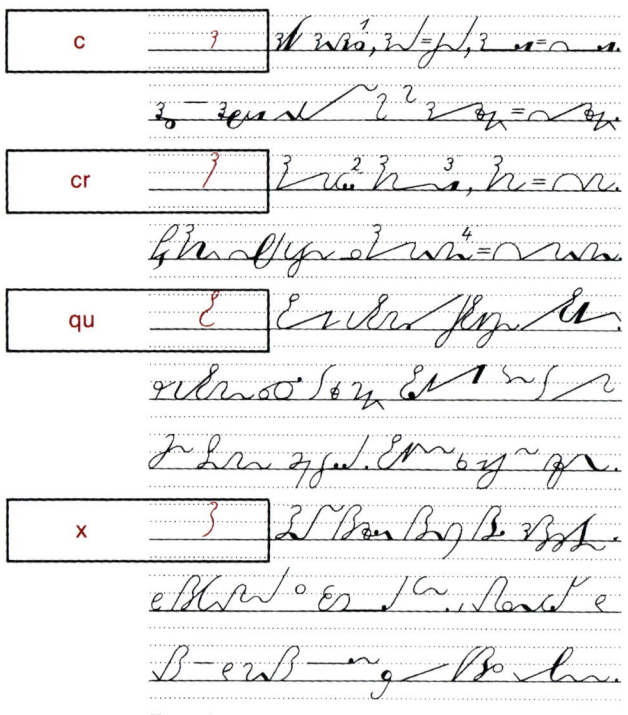

Regel: *c, cr, qu* und *x* dürfen im oberen oder unteren Teil verstärkt werden. *c* darf durch *k* oder *z*, *cr* durch *kr* ersetzt werden.

Regel: Im Bedarfsfall wird ein doppelter Mitlaut durch einen Punkt unter dem Mitlautzeichen angedeutet.

Probleme mit X und Qu?

Aufgabe: a) Text abschreiben; **b)** in wenigen Sätzen den Unterschied zwischen *X* und *Qu* beschreiben.

Wer weiß es?

Aufgabe lösen, wie auf Seite 8 beschrieben. Die letzten Buchstaben der Wörter nennen eine Oper von Verdi.

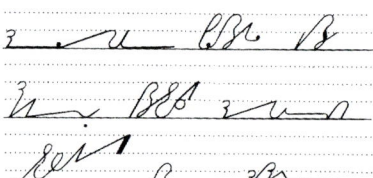

1. ägyptische Stadt, 2. Mietauto, 3. Stadt in Oberfranken, 4. Hauptstadt Sri Lankas, 5. biegsam, anpassungsfähig, 6. Baumwollstoff, 7. Zahlungsfähigkeit, 8. auserlesen, vorzüglich, 9. römischer Staatsmann

Test: Auszug aus dem Jahresbericht einer Exportfirma

Aus dem Jahresbericht der Firma Clemm / & Crämer: Im letzten Jahr konnten wir 20 die Exporte um 10 Prozent steigern. / Der Erfolg ist darauf zurückzuführen- 40 ren, dass wir nur Qualitätsware aus / nicht oxidierendem Material 60 liefern. Da wir sehr liquid sind, können / wir neue Produkte konsequent wei- 80 terentwickeln und uns dadurch den Wün/schen der Kundschaft flexibel anpassen. 100

---

[1] Hauptstadt von Venezuela. [2] englischer Staatsmann. [3] Stadt in Norditalien. [4] rostfreier Chrom-Nickel-Stahl.

20.2 Fremdwörter und Eigennamen

Rechtschreibung oder Aussprache

Regel: Fremdwörter und Eigennamen dürfen nach der Rechtschreibung oder nach der Aussprache geschrieben werden.

mit Abstrich-*t* (-*tr*)

Regel: Abstrich-*t* und -*tr* dürfen auch im Wortinnern geschrieben werden.

mit Fußschleifen-*st* (-*str*)

Regel: Auch Fußschleifen-*st* und -*str* dürfen im Wortinnern geschrieben werden.

Keine Angst vor Fremdwörtern

Aufgabe: a) Text abschreiben; **b)** in wenigen Sätzen mit eigenen Worten schildern, wie man bekannte und unbekannte Fremdwörter am besten schreibt.

Zehn Punkte zu erreichen

Jedes richtig übertragene Wort ergibt einen Punkt. Lösung und Bewertung Seite 56.

Philosoph, Quarantäne, Mixtur, Asterix, Medaille, Direktorium, Memoiren, sozialistisch, Australien, triumphieren

Test: Ein Kartengruß aus Portugal

Hallo, Lara! Ein Unwetter an der / Atlantikküste hat unseren Cam- 20
pingplatz überschwemmt und ein wahres Cha/os angerichtet. Fluchtartig haben 40
wir Spanien verlassen und sind nach / Portugal gefahren, wo wir uns mit 60
Christoph in einem Restaurant im Zen/trum Lissabons getroffen haben. Jetzt 80
ist die Clique wieder zusammen. Op/timistisch wie wir sind, hoffen wir, den 100

Urlaub ohne eine weitere Ka/tastrophe zu überstehen. Tschüss!   Paul 120

21.1 y; Silbenzeichen ey und ion; Ausschreiben von Kürzeln

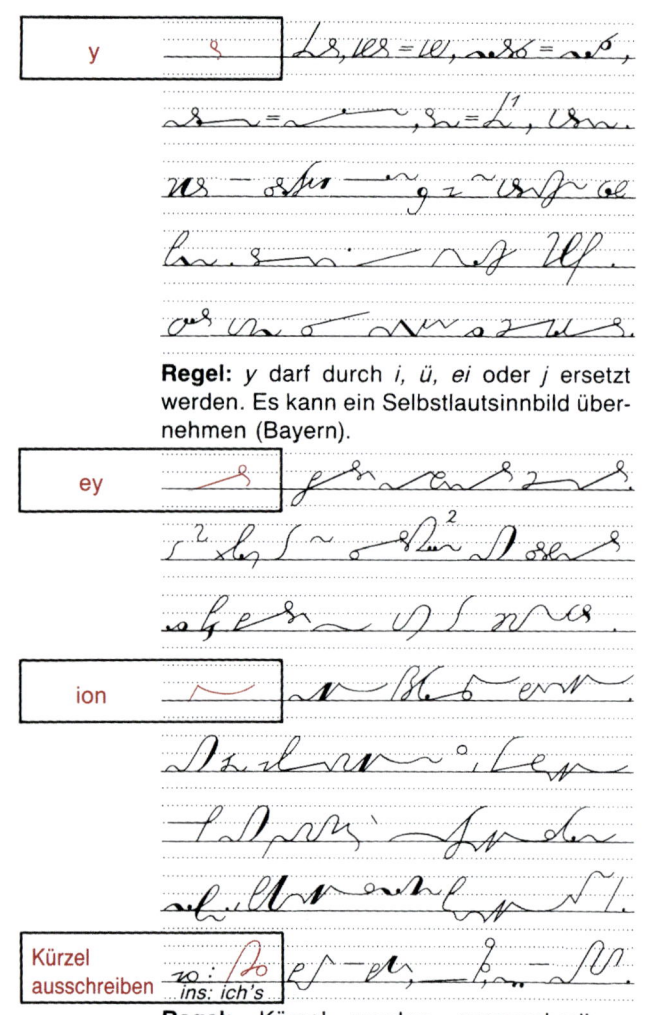

Regel: *y* darf durch *i*, *ü*, *ei* oder *j* ersetzt werden. Es kann ein Selbstlautinnbild übernehmen (Bayern).

Herr Bosse entwirft ein Zwischenzeugnis für einen Sachbearbeiter
Aufgabe: a) Enwurf abschreiben; **b)** Text übertragen.

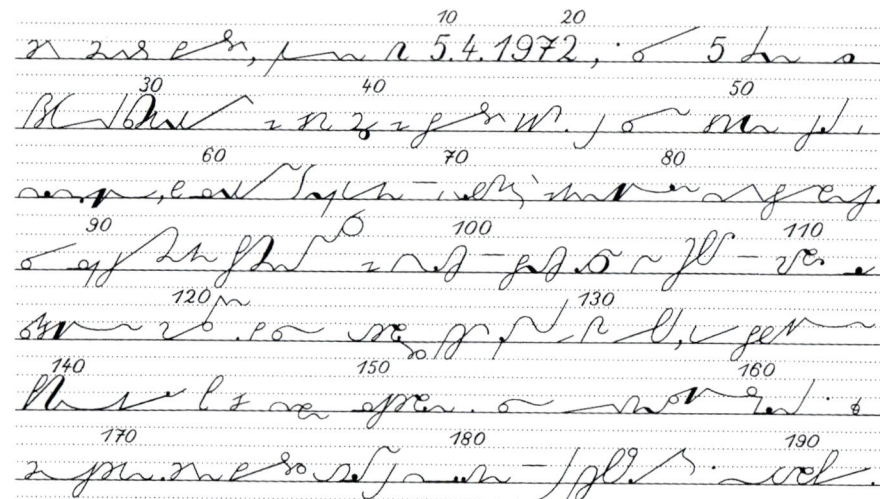

Wer weiß es?
Aufgabe lösen, wie auf Seite 8 beschrieben. Die ersten Buchstaben der Wörter nennen ein Spielzeug (Mehrzahl).

1. Verhältniswort, 2. südamerikanischer Staat, 3. Veröffentlichung, 4. Verlängerung einer Frist, 5. Ausbreitung (eines Staates), 6. österreichischer Bühnendichter

Test: Wozu sich der Golf von Biskaya eignet
Familie Hoyer verbringt traditionell ihren Urlaub in den Bayerischen Alpen. Diesmal wollen die Kinder Jenny und Freddy zum Baden an die Nordsee: nach Sylt oder Norderney. Nach langen Diskussionen schlägt Jenny einen Kompromiss vor: Lasst uns an den Golf von Biskaya fahren. Dort kann man im Atlantik schwimmen und in den Pyrenäen wandern.

Regel: Kürzel werden ausgeschrieben, wenn sie die Lesbarkeit beeinträchtigen.

---
[1] Währungseinheit in Japan.   [2] Inselgruppe im Indischen Ozean.

21.2 Abkürzungen; sprachliche Gliederung

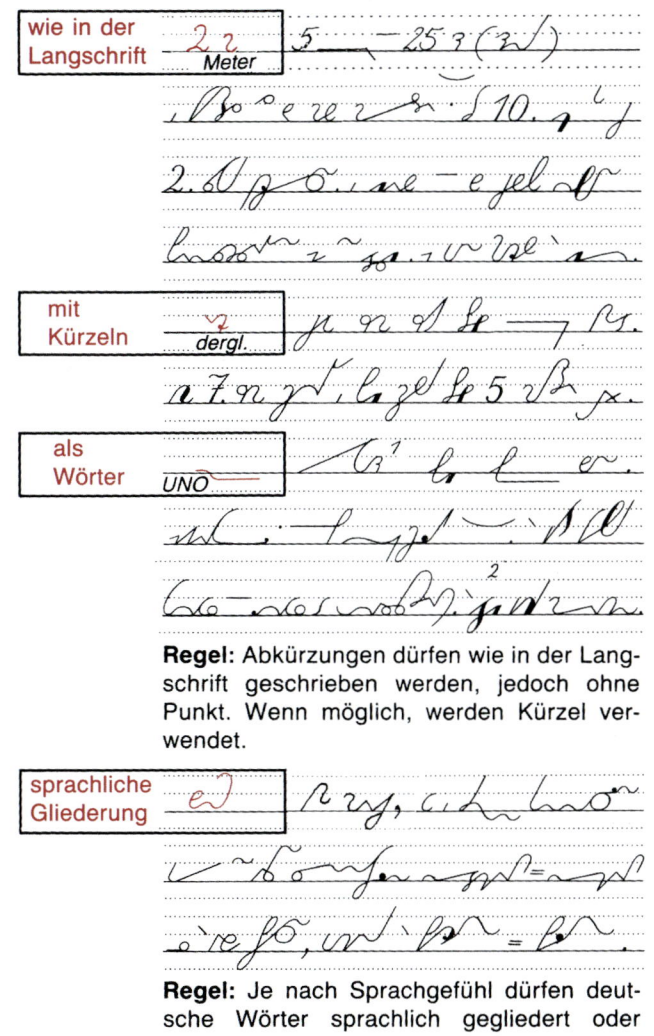

Regel: Abkürzungen dürfen wie in der Langschrift geschrieben werden, jedoch ohne Punkt. Wenn möglich, werden Kürzel verwendet.

Regel: Je nach Sprachgefühl dürfen deutsche Wörter sprachlich gegliedert oder ungegliedert geschrieben werden.

---

[1] Organisation der Erdöl exportierenden Länder.   [2] Allgemeiner Studentenausschuss.

Mit Abkürzungen leben
Aufgabe: a) Text abschreiben; **b)** Kommas setzen (Lösung Seite 56).

Wer kennt sie?
Aufgabe: Folgende Begriffe abschreiben und in Lang- und Kurzschrift abkürzen (Lösung Seite 56):

Test: Brief eines Rechtsanwaltes
Sehr geehrter Herr Quandt! Das Landgericht (LG) / Schweinfurt ist erfreulicherweise un- 20
serer Argumentation gefolgt / und hat die Klage gegen die Firma 40
Clausner KG zu unseren Gunsten / entschieden. Eine Fotokopie des 60
Urteils vom 20. d. M. / füge ich bei. Wenn der Gegner keine 80
Berufung einlegt, wird das Urteil am / 03. November rechtskräftig. Die bis- 100
herigen Kosten belaufen sich auf / 3.020 Euro laut anlie- 120
gender Rechnung. Ich bitte um Erstat/tung. Mit freundlichem Gruß Dr. Hansen 140

47

Weitere Übungen

Ein Gastronom wirbt für sein Restaurant

Aufgabe: Brief abschreiben und in die Lücken eines der untenstehenden Fremdwörter einfügen.

Frau Becker entwirft einen Brief

Aufgabe: a) Entwurf abschreiben; b) Kommas setzen (Lösung auf Seite 56); c) Text übertragen.

Weitere Übungen

Frau Henze beschreibt die Faröer als Reiseziel

Frau Henze ist Mitarbeiterin eines Reiseunternehmens. Sie soll für den neuen Katalog die Faröer (Inselgruppe im Nordatlantik) als Reiseziel beschreiben. **Aufgabe:** Stichworte und Reisezielbeschreibung abschreiben.

Stichworte:

Beschreibung des Reiseziels:

Frau Henze sammelt Stichworte für Reiseziel französische Ostpyrenäen

Aufgabe: a) Stichworte abschreiben; **b)** nach den Stichworten Reiseziel beschreiben.

Stichworte:

Weitere Übungen

Buchstabieren Glückssache

(stenographic script)

Die postalische Buchstabiertafel

Aufgabe: Buchstabiertafel übertragen. Bei Buchstaben, die auch als Kürzel vorkommen, Kürzelaufhebungsstrich (Seite 58) verwenden.

a = Anton, ä = Ärger, b = Berta, c = Cäsar, ch = Charlotte, d = Dora, e = Emil, f = Friedrich, g = Gustav, h = Heinrich, i = Ida, j = Julius, k = Kaufmann, l = Ludwig, m = Martha, n = Nordpol, o = Otto, ö = Ökonom, p = Paula, qu = Quelle, r = Richard, s = Samuel, sch = Schule, ß[2] = Eszett, t = Theodor, u = Ulrich, ü = Übermut, v = Viktor, w = Wilhelm, x = Xanthippe, y = Ypsilon, z = Zacharias

---

[1] s. Seite 58, Regel Nr. 4
[2] Schreibweise für ß siehe Seite 58, Regel Nr. 3.
[3] Abkürzung für Amtsgericht (auch Aktiengesellschaft).

Rechtsanwalt Dr. Hansens Terminkalender

Aufgabe: a) Zwei Kalenderblätter wie das Blatt hierunter zeichnen (nur den rot umrandeten Teil); **b)** in ein Blatt die Termine in Steno, in das andere dieselben Termine in Langschrift eintragen.

6 Juni
23. Woche Termine

Bezeichnung der Sache	Uhr	Ge-richt	Zimmer
(steno)	08:00	[3]	4
(steno)	09:30		12
(steno)	10:00		219
(steno)	12:00		

Saschas Terminkalender

Aufgabe: a) Zwei Kalenderblätter zeichnen; **b)** in das erste Saschas Termine in Steno eintragen, in das zweite eigene, selbst ausgedachte Termine.

Mo	24	*(steno)*
Di	25	*(steno)*
Mi	26	*(steno)*
Do	27	*(steno)*
Fr	28	*(steno)*
Sa	29	*(steno)*
So	30	*(steno)*

Weitere Übungen

Student Thomas notiert

Thomas besucht vor Beginn seines Psychologiestudiums eine Informationsveranstaltung der Uni und stenografiert die wichtigsten Punkte. **Aufgabe:** Thomas' Notizen abschreiben.

Hobbykoch Schnelle auf der Suche nach Rezepten

Beim Friseur findet Hobbykoch Schnelle in einer Illustrierten zwei Rezepte, die er ausprobieren möchte. Er notiert. **Aufgabe:** Rezepte in Steno auf einen Zettel schreiben.

Spanisches Hähnchen

Zutaten: 1 Hähnchen, Salz, Pfeffer, Öl, Paprika, Rosmarin, 3 enthäutete Tomaten, 2 Zwiebeln, 2 Knoblauchzehen, 1/2 Stange Zimt, heiße Brühe

Zubereitung: Hähnchen waschen und abtropfen lassen, innen und außen mit Öl einreiben und mit Salz, Pfeffer, Paprika und Rosmarin bestreuen. In einen mit Öl eingeriebenen feuerfesten Topf legen und zugedeckt bei 275 Grad 45 Minuten in der Backröhre lassen. Anschließend die enthäuteten Tomaten, Zwiebeln, Knoblauchzehen und die halbe Stange Zimt hinzufügen (evtl. heiße Brühe nachgießen) und noch 15 Minuten garen lassen. Nach dem Garen Zimtstange herausnehmen, Hähnchen tranchieren und mit der Soße auftragen. Dazu passen Reis oder Knödel.

Preiselbeertorte

Zutaten: 125 g Fett, 125 g Zucker, 200 g gemahlene Haselnüsse, 3 TL Backpulver, 3 EL Kakao, 4 Eier, 1 Glas Preiselbeeren, 1/2 l Sahne, geraspelte Schokolade

Zubereitung: Fett, Zucker, gemahlene Haselnüsse, Kakao, Backpulver und vier Eigelbe mit dem Mixer zu einer cremigen Masse verarbeiten, das Eiweiß zu Schnee schlagen und darunterziehen. Den Teig in eine gefettete mit Pergamentpapier ausgelegte Springform füllen und 30 bis 40 Minuten bei 160 Grad backen. Die Preiselbeeren mit der geschlagenen Sahne mischen und auf den erkalteten Tortenboden streichen. Mit geraspelter Schokolade garnieren.

Weitere Übungen

Brief eines Bauunternehmens an eine Bausparkasse

Aufgabe: Text in Kurzschrift übertragen.

Sehr geehrte Damen und Herren, un/ser Unternehmen plant den Bau einer	20
viergeschossigen Wohnanlage in / landschaftlich reizvoller Gegend im Um-	40
land der Stadt. Da wir annehmen, dass sich / unter den Mitgliedern Ihrer Gesell-	60
schaft Interessenten befinden, bie/ten wir Ihnen die Wohnungen an, be-	80
vor wir sie in den Tageszeitungen / veröffentlichen. Es handelt sich um	100
Zwei- bis Vierzimmerwohnungen mit sehr / guter Ausstattung. Alle haben ei-	120
nen Balkon; Bad, Küche und Flur sind mit / Fliesen ausgelegt. Besonders vorteil-	140
haft ist die ruhige Lage. Da die / Straße wegen des nahe gelege-	160
nen Landschaftsschutzgebietes dort endet, / gibt es keinen Durchgangsverkehr. Trotzdem	180
ist die Verkehrslage günstig, denn das / Gebiet ist durch den öffentlichen Nah-	200
verkehr erschlossen. Ganz in der Nähe / fährt die Straßenbahn, und Kraftfahrer er-	220
reichen die Schnellstraße in etwa fünf / Minuten. Alle weiteren Infor-	240
mationen, auch über das erfor/derliche Kapital, gehen aus den	260
beigefügten Unterlagen hervor. / Geben Sie sie bitte an Interes-	280
senten weiter mit der Empfehlung, sich / so bald wie möglich zu entscheiden; denn	300
nach Veröffentlichung in der Tages/presse werden die Wohnungen im All-	320
gemeinen schnell verkauft. Mit freundlichem / Gruß	331

Aus eins mach zwei

Zwei Sprichwörter stecken in jedem Satz.
Aufgabe: Sprichwörter mithilfe der fehlenden Teile (s. unten) herausfinden und stenografieren.

In der Not; man soll die Perlen; Müßiggang; bleib bei deinen Leisten; ein gutes Gewissen; macht auch Mist; hat Gold im Munde; Narrenhände; studiert nicht gern; ein blindes Huhn; haben die größten Kartoffeln; ist gut ruh'n

Weitere Übungen

Oberbürgermeister eröffnet Ausstellung

Aufgabe: a) Text lesen und das Wichtigste der Rede in Stichworten notieren; b) nach den notierten Stichworten die Rede frei halten.

Weitere Übungen

Korrigieren, für jeden verständlich

Wer Stenotexte schreibt, die andere lesen sollen, und sie nachträglich ändert, sollte die wichtigsten Korrekturzeichen des Duden kennen und anwenden. Beispiele:

Überflüssige Wörter: mit einem großen ⊢ durchstreichen, das Zeichen am rechten Rand wiederholen und das Tilgungszeichen hinzufügen.

Wörter, die durch andere ersetzt werden sollen: mit einem großen ⊢ durchstreichen, das Zeichen am rechten Rand wiederholen und das Gewünschte danebenschreiben.

Fehlendes Wort oder fehlende Wörter: Zeichen ⌐ an die gewünschte Stelle setzen, das Zeichen am rechten Rand wiederholen und die fehlenden Wörter danebenschreiben.

Kommt das gleiche Zeichen in einer Zeile mehrere Male vor, empfiehlt sich das Nummerieren:

Frau Becker korrigiert

Aufgabe: Brief abschreiben und dabei die Korrekturen berücksichtigen.

Wichtige Kommaregeln

Regel: Das Komma trennt gleichrangige selbstständige Teilsätze, jedoch nicht, wenn sie durch Wörter wie „und" oder „oder" verbunden sind.

Lisa studiert, Felix geht noch zur Schule. Der Zug hielt, Anna stieg aus, Oliver erwartete sie. – Der Film war lustig *und* wir haben viel gelacht. Tauschen Sie die Ware um *oder* lassen Sie sich das Geld zurückgeben.

Regel: Das Komma trennt Haupt- und Nebensatz. Eingeschobene Nebensätze werden von Kommas eingeschlossen.

Thomas treibt viel Sport, *weil er fit bleiben will*. Können Sie mir sagen, *wann die Vorstellung beginnt*? – Der junge Mann, *der uns eben gegrüßt hat*, ist mein Nachbar. Wir freuen uns, *dass Du uns besuchen willst*, und erwarten Dich Ende der Woche.

Regel: Das Komma trennt Nebensätze, jedoch nicht, wenn sie durch Wörter wie „und" oder „oder" verbunden sind.

Der Täter erklärte, *dass er erst aussagen werde, wenn er mit seinem Anwalt gesprochen habe*. – Wir würden uns freuen, *wenn Ihnen unsere Artikel gefielen* und *wenn Sie gute Umsätze damit erzielten*. Ich weiß noch nicht, *ob ich mich für einen Computerlehrgang entscheide* oder *ob ich den Englischkursus besuche*.

Regel: Das Komma trennt den nachgestellten und eingeschobenen Beisatz (Apposition).

Sie liebt klassische Musik, *besonders Mozart*. Alex verbringt seinen Urlaub meist in den Bergen, *vor allem in den Alpen*. – Die Frauenkirche, *eine Kirche mit zwei Türmen*, ist Münchens Wahrzeichen.

Regel: Partizipgruppen kann man durch Komma abtrennen, um die Gliederung des Satzes deutlich zu machen.

Ihrem Wunsche nachkommend, werden wir den Wortlaut des Vertrages ändern. *Zu Hause angekommen*, machten wir es uns bequem. *Vor Freude mit dem Schwanze wedelnd*, begrüßte Bello sein Herrchen.

Regel: Infinitivgruppen kann man durch Kommas trennen, um die Gliederung des Satzes deutlich zu machen.

Die Mannschaft ist fest entschlossen, *die Endrunde zu erreichen*. Erinnere mich daran, *Julia anzurufen*. Seine Idee, *in den Geburtstag hineinzufeiern*, fand großen Anklang.

Regel: Das Komma steht vor entgegensetzenden und einschränkenden Bindewörtern (Konjunktionen), z. B. *sondern, aber, allein, doch* ...

Sie wohnt nicht in Bonn, *sondern* in Düsseldorf. Das Geschenk ist klein, *aber* fein. Es ist spät, *jedoch* noch nicht zu spät.

Regel: Das Komma trennt mehrteilige Datums-, Zeit-, Wohnungs- und Literaturangaben.

Der Lehrgang beginnt am Mittwoch, dem 12. Januar. Die Sitzung ist auf Dienstag, 12. Oktober, verschoben worden. Frau Hellmer ist nach 10823 Berlin, Akazienstraße 11, umgezogen. Sehen Sie im Duden bei K 108, Seite 71, nach.

Lösungen

Zehn Punkte zu erreichen
Bewertung: 10 Richtige = Note I, 9 — 7 = Note II, 6 — 5 = Note III, 4 — 3 = Note IV, 2 — 1 = Note V, 0 = Note VI.

Seite 19:

Seite 22:

Seite 27:

Seite 39:

Seite 45:

Abkürzungen
Seite 47: Wer kennt sie?

DFB = ; a. D. = ; EDV = ;

BGB = ; HGB = ; StGB = ;

GmbH = ; AG = ; KG = .

Kommas setzen — Ein Komma steht nach folgenden Wörtern:

Seite 21: Vorsicht beim Bergsteigen
erklimmt, herabfällt

Seite 27: Frau Hasse entwirft einen Leserbrief
bemängeln, ingnoriert

Seite 28: Der Seniorchef entwirft seinen letzten Geschäftsbrief
fragen, Wünsche, fortsetzen

Seite 29: Frau Becker entwirft einen Brief
Mitarbeiter, Freitag, Juni, Uhr, kommen kann, ich

Seite 31: Herr Bosse entwirft Serienbrief zur Eingabe in den Computer
Kunde, Niederrhein, Hempel, hofft

Seite 33: Reporter Hurtig berichtet
Erwartungen, zurückgehen würden, wurde, berichteten, erfahren

Seite 35: Ein Brief zur Eingabe in den Computer
Erfahrungen, gemacht, wären, hätten, gestattet

Seite 47: Mit Abkürzungen leben
schon, vorführen, Automobilclub, nützlich (besser: Semikolon), werden, dann, Aufgabe

Seite 48: Frau Becker entwirft einen Brief
haben, gewählt, Artikel, Elektronik, freuen

[1] siehe Regel Nr. 3, Seite 58

Kürzelverzeichnis
(Die Zahl gibt die Seite an, wo das Kürzel zu finden ist.)

all 13	dem 7	er- (er-r) 21	ich 7	nichts 41
als 27	den 7	es 9	in 7	nied(e)r 31
also 27	der 9	fort 23	ist 7	noch 15
ander 35	des 27	für 9	kann(st) 11	nur 23
ant- 17	dessen 27	ge- 21	keine 19	ohn(e) 13
auf 15	deutsch 43	gegen 11	könn... 31	rück- 33
aus 41	die 7	hab..., hast, hat 15	konnt... 31	-schaft 39
besonder(s) 43	dies 41	-haft 17	-keit 17	schon 43
bis 19	doch 15	hatt... 11	kon- 37	sei 35
da- 11	Doktor (Dr.) 35	hätt... 33	-lich 25	seid 35
dar 35	durch 23	-heit 39	meine 19	seine 27
das, dass 9	eine 19	her 15	miss- 41	
deine 19	ent- 17	hin 17	mit(t) 19	selbst 27
d. h. 37	er 9	hint... 17	nicht 17	sich 15

57

Kürzelverzeichnis; Weitere Unterscheidungszeichen

sie	27	unter	31	wir	23	
sind	7	ver-	13	wird, wirst	23	
so	11	vielleicht	35	wo	9	
solch	27	voll	37	worden	37	
soll(st)	41	völl...	37	wurd(e)	33	
sonder(s,n)	41	vom	35	würd(e)	33	
-tum (-tüm)	39	von	15	zer-	43	
üb(e)r	33	vor	13	zu	29	
un-	21	wenn	13			
und	11	werd...	13	zurück	33	
usw.	37	wi(e)d(e)r	13	zum	29	
-ung	25	will(st)	23	zur	29	
uns	31	woll... (Hzw.)	23	zusammen	43	
unser	31			zwischen	43	

Weitere Unterscheidungszeichen

Bei Bedarf werden gekennzeichnet

1. Großbuchstaben durch Unterstreichen:

2. das Aufheben von Kürzeln durch einen untergesetzten halbstufigen Strich:

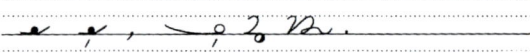

3. *ai*, *ß*, *ck* und *tz* durch einen Punkt über *ei*, *ss*, *k* und *z*:

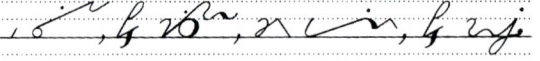

4. Das *i* durch einen übergesetzten Punkt, um es vom *t* zu unterscheiden:

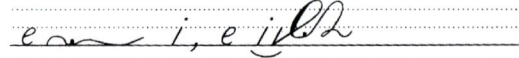

5. ein evtl. zu lesender Selbstlaut durch das Auslassungszeichen:

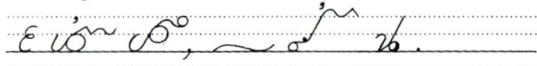

6. Länge und Kürze einer Silbe durch ein übergesetztes ⁻ oder ⌣ :